La note d'auteur

Ce livre a existé seulement dans ma liste de bonnes intentions et de vœux de l'avenir. Ce manuscrit s'est promené comme une feuille échouant l'air de mes pensées. Cependant, ma conscience fidèle n'a jamais arrêté de répéter que … "Christ a fait beaucoup de choses pour vous! Qu'avez-vous fait pour Lui? "

Le fait est que j'ai rencontré Jesus Christ en personne il y a beaucoup d'années, mais j'ai gardé mon silence. Donc j'ai écrit cette collection de souvenirs à cause d'un sentiment de remords. Mais certainement, en espérant toujours qu'il aidera quelqu'un, d'une façon ou d'une autre, un jour. Et c'est l'histoire …

Ce livre est un témoignage chrétien et en partie une autobiographie. Tous les caractères humains représentés dans cette histoire dans les pays des Etats-Unis et du Mexique sont des caractères de vie réelle.

Dessin écrit / le dessin d'auteur par la Vierge Zusa Xavier et le dessin de Theresa Rodriguez par J. R.
Traduit de l'anglais au français par www.fiverr.com/editwords
Design de couverture principal par www.fiverr.com/jeweldesign
Design de couverture faux sur la page 169 par la Vierge Zusa
Design de couverture faux sur la page 147 par
www.fiverr.com/dickyjdesign
Design de couverture faux sur la page 79, 131 par
www.fiverr.com/vicovers

Citations de Sainte Écriture prises avec la permission des textes bibliques:

ISBN-10: 0-9985675-0-7
ISBN-13: 978-0-9985675-0-1

Imprimé aux Etats-USA

2

Pour le Romain

Le cher frère le plus jeune, c'est mon témoignage. J'espère que vous écrirez vôtre bientôt. Ne permettez-vous jamais d'être vaincu par le mal.

INDEX

RECONNAISSANCES ET DÉVOUEMENT

Pour commencer, je veux exprimer ma gratitude et consacrer ce livre à Jesus Christ. Dieu qui est devenu un homme mortel et a marché parmi nous dans la chair, aussi autre être humain. Il a été condamné à mort, mais il a ressuscité le troisième jour. Je l'ai vu en personne et je sais qu'il est bien et qu'il vit et règne pour toujours dans l'ampleur de gloire. Sans son pardon et son aide, je n'aurais été jamais capable de dire cette histoire. Ensuite, je veux remercier mes parents de l'amour qu'ils avaient toujours pour leurs enfants — peu importe comment mal nous, leurs enfants, nous sommes comportés tant de fois —. Pareillement, je remercie mon frère dans Christ, Xavier Rodriguez, car Dieu l'a utilisé pour me libérer et me donner une nouvelle vie. Aussi, je remercie aussi mes parents et amis qui ont lu ce livre avant qu'il a été publié et m'a encouragé à continuer en me donnant toutes les sortes de corrections et de critique constructive — en plus du fait de me permettre d'utiliser leurs noms réels dans cette histoire —. Je profite cette occasion pour m'excuser aux personnes que j'ai envahies, ai volées, ai maltraitées, ai menties, moqué et ai offensées. Je permets à vous tous de savoir que j'en ai été puni déjà. J'essaie d'être un meilleur être humain chaque jour de ma vie et je continuerai à m'efforcer aussi longtemps que Dieu me permet de continuer à vivre sur la Terre.

INTRODUCTION

Le cher lecteur, j'ai deux morceaux de grandes nouvelles que j'ai besoin de vous donner. La première nouvelle n'est pas si bonne, mais le deuxième est excellent. Premièrement, je commencerai avec les mauvaises nouvelles. Je dois vous dire que l'endroit appelé l'Enfer est réel. J'ai vraiment passé quelque temps dans les portes d'Enfer, donc je témoigne du fait qu'il existe vraiment et j'en parlerai plus dans un chapitre dernier de ce livre. Les bonnes nouvelles sont que l'endroit appelé le Ciel existe aussi et que Jesus Christ … est aussi réel! J'avais une rencontre personnelle avec lui. Ce livre est un témoignage chrétien et en partie une autobiographie. Comme un enfant, j'ai défié le Satan et cette action m'a provoqué beaucoup de problèmes. Plus tard, quand j'ai grandi dans l'âge, je suis venu pour me considérer comme une personne qui vivrait et mourrait sans jamais connaître Dieu. Le concept de Dieu et de Satan est devenu, pour moi, une histoire de fantaisie, une fable pour les enfants. Bien que, tout ait changé quand un jour un parent mien avait un problème et en essayant d'aider mon membre de famille, j'ai cherché l'aide de Dieu puisque je ne l'avais jamais faite auparavant dans ma vie. La merveilleuse chose consiste en ce que Dieu a répondu et c'était alors que j'avais une rencontre personnelle avec Jésus. Dans les pages suivantes, je vous donnerai <<4>> pas pour suivre, pour que vous puissiez avoir aussi une rencontre avec Jésus et dans le processus, garantir le salut de votre âme aussi.

Ces quatre pas m'ont été montrés par la providence divine et je sais qu'ils seront une aide aussi grande pour vous qu'ils étaient pour moi. Avec cela, il sera bon pour vous de savoir que le salut de l'âme — n'est pas une philosophie, ni un conte de fées —. Être sauvé est un unique et une expérience personnelle. Oui, vous lisez ce droit. J'ai dit que le salut de votre âme est quelque chose que vous pouvez connaître. Le salut n'est pas peut-être, ni peut-être, mais est plutôt une conviction complète que vous êtes sauvé. Le cher lecteur, permettez-moi de vous poser une question et s'il vous plaît être honnête dans la réponse à cela. Si vous deviez mourir à ce moment même, iriez-vous au ciel ? Si votre réponse est — je ne sais pas, peut-être, probablement, ou je sans aucun doute ne vais pas au ciel — alors je dois vous dire que ce livre a été écrit surtout pour vous. L'expérience du salut de votre âme est une confiance d'absolu de 100 % que Jésus vous a sauvé parce que vous la connaissez, et parce que vous pouvez la sentir aussi. Peut-être vous pouvez le trouver étrange qu'à ce moment je vous dis que ce livre est non seulement encore un travail écrit de la religion. Ce qui arrive est je considère la religion très responsable de faire démarrer des humains de Dieu. Il me semble que la religion impose des fardeaux durs aux humains et que ces fardeaux sont impossibles quelquefois même de marcher de pair et suivre. Dans la conséquence, cela a fait la personne religieuse pour se conformer pour apprendre des lois morales qui sont plus utiles dans le royaume social et culturel, que dans le domaine spirituel.

Cela peut créer dans l'individu — une certaine satisfaction de conscience — le fait de vouloir dire qu'en assistant simplement à la masse de dimanche, la <<paix>> a été déjà accomplie avec le Créateur de Père. De cela je dois vous permettre de savoir que, malheureusement, vous vivez un mensonge. C'est parce que de telles normes de comportement humain, à la fin sont au-dessous de l'exposition du sentier réel à la vie éternelle. Cependant, j'espère qu'en lisant ce livre et en prenant une décision personnelle, vous ne <<mourrez>> pas dans un tel mensonge. Si nous pouvons nous souvenir, les recomptages de Bible dans le livre de chapitre de Genèse trois, que Dieu lui-même avait l'habitude de venir à la Terre pour parler à Adam et à Eve et il avait l'habitude de le faire — face à face —. De là nous pouvons voir que Dieu cherche et désire un rapport personnel avec les êtres humains. Bien qu'une telle camaraderie ait été détruite par le péché et la désobéissance d'hommes. En dépit de tout cela, Dieu, disposé à continuer avec un rapport personnel avec l'humanité, a envisagé un plan. Maintenant le péché et la désobéissance d'homme sont pardonnés par Jésus, qui est devenu la porte ou le pont, à un nouveau rapport personnel et intime entre l'humanité et J'ajouterai aussi que les choses que vous êtes sur le point de lire ensuite, ne sont pas des choses que j'ai lues dans un livre ou ai vues dans un film. Ce livre est basé sur la vraie histoire de ma propre vie et des vies de ma famille et je le témoigne les choses que j'ai écrites sont réels et sont ma vérité. Tout est comme je me suis souvenu, l'ai vu, ai senti, ai compris, ai entendu et ai vécu — bien que mon histoire puisse paraître fantastique par moments —.

CHAPITRE 1

NÉ

LA FORÊT ÉTRANGE

J'étais dans une forêt étrange. Le bois a semblé très ancien, puisque chacun des troncs d'arbre avait de tout à fait grandes dimensions. Le contour de chaque arbre était si énorme qu'il pourrait avoir pris de huit à neuf personnes maintenant des mains ensemble pour encercler la circonférence d'un arbre simple. Il est connu que l'épaisseur d'un arbre augmente avec l'âge et ces arbres ont regardé comme s'ils étaient des centaines de milliers d'ans. Devant moi et environ six pieds de distance, il y avait une jeune femme qui a espéré avoir environ vingt-cinq ans. Elle avait la peau blanche et les cheveux rouges qui, tombaient directement et longtemps à sa taille. Attaché autour de ses temples il y avait une bande mince de cuir marron foncé qui a tenu et a tenu ses cheveux à distance de son front et de ses yeux. La femme était grande, quelque part environ 5.80 pieds dans la hauteur et avaient une apparence trop athlétique. C'était comme si elle a été utilisée pour une vie quotidienne d'une demande et d'un épuisement de l'exercice physique.

Tous ses vêtements ont été faits de la peau d'animal et la peau a affiché la fourrure d'une couleur rougeâtre enflammée comme la teinte d'un lever du soleil.

Ses vêtements étaient courts et assez confortables pour lui permettre de courir et faire tous mouvements rapides sans obstacle. Cela très même costume maigre m'a aussi permis de voir l'intégralité de ses bras et de ses jambes. Ses bras ont montré un bien définis et ont exposé des muscles, mais ils n'ont pas perdu leur féminité. Ses cuisses ont montré un plus grand contour (à cause de l'hypertrophée de muscle), parce qu'ils étaient plus prononcés que les muscles de ses bras. Un homme s'est appuyé sur l'épaule droite de cette femme. L'homme avait aussi une apparence juvénile, mais ses cheveux étaient noirs. Comme elle, il a aussi porté des peaux d'animal, mais sa tenue entière était un gris décoloré, fané. Le jeune homme avait l'air d'avoir été blessé et il était dans un état presque semi-évanoui. Maintenant j'étais la réputation devant eux et environ huit pas loin et à ce moment, ma respiration était profonde et le halètement. J'avais l'impression d'être si j'avais un temps très difficile en remplissant mes poumons de l'air. Mon esprit m'a rappelé les scènes passées d'une lutte mortelle. Les souvenirs récents ont couru dans ma tête que nous venions d'échapper à l'attaque féroce d'une tribu d'hommes du grand singe qui nous avaient poursuivis pour une longue étendue tous partout dans la forêt. La hauteur moyenne de cet être était environ 4. 90 pieds. Principalement, cet être a marché droit sur deux jambes (ils étaient bipedal). De plus, j'ai vu plus qu'un d'entre eux à plusieurs reprises courir semi-courbé, en touchant la terre avec les paumes de leurs mains en le faisant. Leurs visages ont ressemblé à une combinaison d'un grand singe et d'un être humain et ils ont été complètement couverts avec une fourrure noire courte, comme un chimpanzé.

11

La force de chacun des hommes du grand singe était colossale, loin au-delà de la force d'un homme normal. Cette tribu primitive a voulu nous capturer, nous tuer et ce qui est le plus probablement … nous mangent. Ils étaient sur une campagne de chasse et il m'a semblé que nous étions sur le menu principal ce jour-là. Ces créatures nous avaient attaqués et avaient pourchassé pendant que nous voyagions à travers la forêt. Heureusement, leurs armes de chasse étaient beaucoup plus rudimentaires que ceux je portais avec moi. Ils ont chassé avec de longs bâtons de bois et des os pointus. Mais j'ai aussi vu deux ou trois hommes du grand singe lancer des dards de coup sur moi avec un morceau hollowed de bambou qu'ils installaient leurs bouches. Peut-être, ceux ont été empoisonnés les dards. Je, au lieu de cela avais une épée longue et courbée dans ma main droite. J'ai fait attacher une dague à l'avant-bras de mon bras gauche et un autre couteau de rechange a été fermement attaché à la cuisse de ma jambe droite. Ce qui est plus, toutes mes armes étaient pointues mortellement et tous ont été faits du métal. Donc, mes armes m'ont donné un avantage considérable contre le groupe primitif de chasseurs. Le clan de chasse des hommes du grand singe était composé d'environ trente à trente-cinq individus. J'ai défendu mes compagnons aussi le mieux que je pourrais et apparemment, avec assez de succès. Depuis que j'avais provoqué les hommes du grand singe tant d'accidentés, qu'ils nous avaient déjà renoncé sur le suivant il y a plusieurs minutes. Je savais exactement où j'ai été localisé. Dans mon esprit, j'avais la carte pour atteindre le village civilisé le plus proche pour chercher l'aide pour le jeune homme qui a été presque distribué et aussi guérir mes blessures. Néanmoins, quelque chose m'arrivait.

Ma vision s'est brouillée et je pourrais respirer à peine. Je ne sais pas si cela a été rattaché à la lutte féroce contre le groupe de créatures violentes. Peut-être, je ne m'étais pas rétabli de l'épuisement physique que j'avais subi de la bataille et je n'avais pas récupéré mon haleine (à cause de l'hyperventilation). Ou, cela pourrait avoir été parce que les blessures multiples que j'avais reçues partout dans la lutte commençaient à prendre un péage sur mon corps. La femme aux cheveux auburn savait que quelque chose était incorrect avec moi. Elle a ouvert ses yeux très larges comme si en essayant de comprendre ce qui m'arrivait et elle m'a regardé dans le visage avec beaucoup d'attention, mais n'a pas dit un mot. Son visage a montré le choc et l'inquiétude. La bonne chose consiste en ce qu'elle n'avait aucune blessure visible et qui m'a fait me sentir beaucoup mieux. Tout à fait peut-être, les hommes du grand singe ont voulu la capturer vivant et c'était la raison pourquoi elle a semblé être indemne. Cependant, j'ai commencé à plonger dans du sommeil épouvantable. Et, évidemment, que je n'ai pas voulu m'endormir à ce moment, ayant connu tout à l'heur tant d'angoisse et désespoir. Il était essentiel d'atteindre le village le plus proche aussitôt que possible pour rechercher l'aide. Néanmoins, j'ai fait face maintenant à une lutte d'une complètement différente origine. Je me suis débattu pour pas fermer mes yeux, mais mes paupières fermaient très lentement. Je n'ai senti aucune douleur du tout, juste un grand poids. C'était comme si une fatigue terrible était enwrapping moi. Après la paire plus de minutes, Je ne pouvais pas éviter de fermer mes yeux complètement et, finalement, j'ai perdu toute la connaissance de moi-même.

13

Je ne sais pas pour combien de temps j'étais endormi, mais quand j'ai ouvert mes yeux de nouveau, j'ai vu des formes de humanoid me déplacer et j'ai été vraiment effrayé. Ma vision était blurry et je ne pouvais pas dire exactement quelles sortes de créatures m'entouraient. Je pourrais voir seulement des bosses et des ténèbres me déplaçant. Je savais qu'ils étaient des êtres vivants de façon qu'ils ont bougé et ont communiqué l'un avec l'autre. Je pourrais le distinguer à peine ils faisaient des signes de main l'un à l'autre et je les ai entendus faisant des sons de communication intelligents. Bien que, je n'aie pas compris ce qu'ils disaient. D'instinct, j'ai voulu me lever pour essayer de me défendre, mais mon corps n'a pas répondu. En croyant que les hommes du grand singe nous avaient atteints finalement, la panique a parcouru mon esprit et j'ai essayé immédiatement de soulever mon épée. C'était bizarre, mais je n'ai senti mon épée dans ma main droite plus. Surpris et extrêmement effrayé, j'ai essayé d'atteindre la dague qui était censée être attachée à mon avant-bras gauche (la partie du bras entre le poignet et le coude). Cependant, ni ma main ni mon bras droit n'ont répondu à l'ordre donné par mon cerveau.

En outre, je ne pouvais pas estimer que j'avais la dague sur mon avant-bras gauche plus.

L'idée que nous avions été en proie finalement du harcèlement du groupe de chasse féroce — m'a coulé dans la peur —.

Quand même, j'avais toujours l'espoir que je pourrais me défendre parce que je me suis souvenu que j'avais encore une arme de rechange. Donc, la chose suivante que j'ai faite essayait d'arriver pour le couteau que j'avais attaché à ma cuisse droite. Enfin, aucune de mes mains n'a répondu à l'ordre donné par mon désir. Aussi, je ne pouvais pas estimer que j'ai fait attacher ce couteau à ma jambe plus. D'une façon étrange, je me suis aussi senti nu. La panique m'a parcouru, car je me suis senti complètement impuissant avant l'être qui m'a entouré et je n'avais aucune idée pourquoi mon corps ne répondrait pas à mes vœux et impulsions. Ma vue ne nettoierait pas juste. Subitement, un de cet être m'a porté dans ses bras et m'a livré à une autre créature. Je ne pouvais faire rien. Je me suis senti paralysé et vaincu. Je m'attendais déjà au pire...

Ma surprise était soudaine quand j'ai entendu une voix femelle qui m'a parlé dans un ton doux. Le féminin m'étant serré dans ses bras avec beaucoup fin et doucement serré moi contre sa poitrine et aussi incroyable qu'il peut sonner — je pourrais sentir son amour —. Et j'ai estimé que son amour était si majeur que même si je ne pouvais pas me défendre et je ne savais pas ce qui m'arrivait ou où j'étais — mon intuition m'a dit que cet être féminin donnerait même sa propre vie pour moi si elle avait à, pour me protéger —.

Et c'était la preuve assez pour moi pour savoir que j'étais dans un endroit sûr et parmi les amis. <<Donc, j'ai fermé mes yeux et ma conscience>> s'est reposée. J'étais si fatigué que je me suis rendu de nouveau à un sommeil profond. C'était un mardi dans le mois de septembre à onze quinze le matin, quand je suis né comme un bébé prématuré de sept mois à Mexico. Ce livre est un témoignage chrétien et en partie, l'autobiographie d'un athée. Pendant longtemps, je me suis demandé comment je devrais commencer à dire l'histoire de ma vie. Et après avoir passé plusieurs ans en pensant, j'ai voulu finalement commencer à partir du commencement — avec ma première mémoire de vie sur la Terre —. Le fait de prendre cette décision n'était pas facile parce que je peux imaginer seulement ce que les gens vont dire. Cependant, je dirai des histoires dans ce livre qui sont encore plus fantastiques que l'histoire précédente. C'est pourquoi je suis pleinement conscient que la critique viendra à tout moment de toute façon. Pourtant, comme j'ai dit dans l'introduction, j'utiliserai la Bible comme la base pour expliquer mes opinions et idées et les vers bibliques suivants seront les premiers que je cite. Ceux-ci sont localisés à :

Jeremiah 1:4-5. AVANT QUE je vous ai FAITS dans l'utérus de votre mère, je VOUS CONNAISSAIS. Avant vous est né, je vous ai choisis pour un travail spécial ...

Romains 8:29. DIEU LES SAVAIT AVANT QU'IL A FAIT LE MONDE. Et il a décidé qu'ils ressembleraient à son fils. Alors Jésus serait le premier-né de beaucoup de frères et sœurs.

Ephesians 1:4. AVANT QUE LE MONDE A ÉTÉ CRÉÉ, Dieu faisait choisir Christ nous pour vivre avec lui et être ses gens saints et innocents et aimants.

Dans ces citations:

— Ces Saintes Écritures nous disent-elles que Dieu nous connaissait déjà avant que nous sommes nés dans ce monde?

— D'où a fait Dieu nous connaît déjà?

— Ou est cela que nous avons vécu à d'autres temps et toujours peut-être dans d'autres vies?

— Ou, plutôt pouvons-nous déduire que ces Saintes Écritures nous disent que Dieu nous avait dans son esprit comme l'être futuriste qui allait être créé un jour sur ce monde? Toute réponse à ces questions peut devenir un thème passionnément discuté de discussion, où, à la fin, il y a les gens qui ne seraient d'accord jamais sur le sens de tout cela. Par conséquent, cette édition peut rester un <<grand>> mystère.

Alors, ma dernière mémoire d'être poursuivie par l'être qui a ressemblé de près aux loisirs que j'ai vus en illustrations d'Australopithecus afarensis (dans les classes d'anthropologie que j'ai prises une fois dans le collège) pourrait avoir été juste un rêve. Et bien que les histoires qui sont déchirées entre ce qui est vrai et faux puissent dévier et être perdues dans l'incertitude — je continuerai ce livre en disant les histoires qui ont en fait des témoins dans cette présente vie tels que ma famille, frères dans Christ et amis —. Et en profitant de ces caractères de vie réelle, je me concentrerai mieux sur le thème principal de cette écriture. C'est comment un enfant dans son ignorance est venu pour défier le prince d'Obscurité et comment sauver l'âme de l'enfer. Comme je crois que c'est un objectif beaucoup plus important de communiquer à ce moment. Pour le faire, je décrirai beaucoup de choses que j'ai apprises et ai vues sur le cours de ma vie, commençant de ma première enfance. Permettez-nous de commencer …

CORPS PHYSIQUE ET SPIRITUEL

Dans les leçons que l'on m'a enseignées dans cette vie, j'ai appris que j'ai un corps physique et un corps << spirituel>>. Mon corps physique ou matériel est facile à s'identifier parce que c'est mon corps de chair et d'os. Le corps matériel est un récipient. Par cela, je veux dire que mon corps physique est un réceptacle pour ou une unité de stockage pour mon corps spiritual. Le corps spirituel est difficile à s'identifier parce que nous ne pouvons pas le voir à l'œil nu. J'ai déjà été hors de mon corps physique et pour cette raison je sais à quoi mon corps spirituel ressemble. Le corps spirituel ressemble au corps physique dans la grandeur et les dimensions, donc, il peut être considéré comme un corps jumeau. À cette fin, je suis — mais dans l'esprit — et je vis dans mon corps physique. D'exactement e même façon, que le corps de chair est la maison du corps spirituel, le corps spirituel est l'habitation pour l'âme. L'<<âme>> est aussi difficile à s'identifier parce que nous ne pouvons le voir non plus. Mais l'âme est plus facile à se sentir parce que l'âme est la personnalité de l'individu. La personnalité est l'ensemble des expériences, les attitudes, les pensées et les sentiments d'un être humain. L'âme définit qui vous êtes comme une personne. Bref, un être humain est composé d'un corps physique, un corps spirituel et une âme. Mais comment ai-je atteint une telle conclusion ? Bien, les expériences dans ma propre vie m'ont enseigné ainsi. Évidemment, qu'il y ait d'autres indices que nous pouvons suivre aussi.

Par exemple, la psychologie s'est aussi débattue pour expliquer qu'un être humain se compose de trois parties. Voie de Dr. Sigmund Freud l'a décrit était en disant qu'une personne fait former un état mental par une ID, un ego et un ego formidable. Le fait de simplifier, on peut associer l'ID comme celui qui suit les désirs de la chair ou, plutôt le corps physique. L'ego peut être la partie évanouie ou le type de l'esprit et le super-ego serait la partie qui est l'état conscient et moral d'un individu ou, plutôt l'âme. Aussi, un docteur appelé Duncan MacDougall a fait des expériences, en pesant les gens sur une échelle auparavant et après leurs morts. Les résultats de ses expériences ont indiqué que quelques minutes après la mort, une personne pèse environ 0. 74 onces moins que la personne ont fait avant la mort. Le docteur a conclu qu'à la mort d'un individu, l'esprit de la personne quitte le corps physique et donc le corps physique pèse moins. Suivant dans les pas des derniers toubibs, il y a un scientifique en Russie, faisant des expériences avec la technologie pour prendre des photos de l'esprit quitter le corps physique après la mort. Ce scientifique a publié quelques livres de ses découvertes et son nom est docteur Konstantin Korotkov. Un autre docteur, appelé Raymond Moody, est devenu célèbre pour écrire un livre contenant le témoignage de plus de cent personnes qui sont mortes cliniquement et ont été alors ressuscitées à un hôpital.

Ce que les patients ont signalé ayant gardé la mort a rendu le bon docteur encore un croyant dans la vie après la mort. Il vaut la peine de dire en passant que les découvertes scientifiques des docteurs nommés avant sont extrêmement controversées. Quand même, intéressant. La Bible parle aussi de la différence et de la séparation de — le corps physique et le corps spirituel —. Nous pouvons voir un exemple ici :

James 2:26. LE CORPS d'une personne qui N'A PAS D'ESPRIT est MORT

Il semble clair ce que la Sainte Écriture dit. Si le corps spirituel n'est plus à l'intérieur du corps physique, c'est parce que le corps fleshly est déjà mort. Je pourrais continuer à indiquer de Saintes Écritures qui montrent la séparation et la différence du corps matériel et du corps spirituel. Mais si je cite trop la Bible dans ce livre, ce texte deviendra une version miniature de la Bible. Et pour faire ce contenu plus brusquement, je citerai d'un à un maximum de trois Saintes Écritures bibliques dans chaque sujet pour m'aider à expliquer mes expériences, opinions et idées.

CHAPITRE 2

ENFANT

JE LE VOIS, POURTANT, JE NE LE CROIS PAS

Les expériences que j'ai eues dans ma vie ont été traumatiques un peu avec émotion et je crois que c'est une des raisons pourquoi j'ai été capable de me souvenir des incidents que j'ai vécus parce qu'ils ont été fermement imprimés dans ma mémoire. J'ai beaucoup de souvenirs de ma première enfance et je sais que je me considérais toujours un guerrier. Cependant, je rattacherai les expériences qui sont les plus pertinentes à l'argument que j'effleure ce livre. C'est l'explication de comment un enfant, dans son ignorance, a réussi à défier le Satan, aussi bien que le thème du salut de l'âme. Certaines personnes croient que quand le corps physique meurt, la vie finit aussi. Bien que, en réalité, ce ne soit pas le cas. La mort peut être la fin de cette vie — mais ce n'est pas la conclusion de vie lui-même —. Quand le corps physique meurt, le corps spirituel quitte le corps fleshly , en signifiant que la vie après la mort existe. Je suis un témoin à ce fait. En plus je témoigne aussi du fait qu'existe là un monde spirituel, car je l'ai vu et j'ai même été là.

J'ai commencé à connaître le royaume spirituel à un très jeune âge. Néanmoins, je permets au lecteur de savoir que je refusais toujours de croire que les royaumes spirituels appelés le Ciel ou l'Enfer ont existé en fait. J'ai refusé de croire de peur de l'incapacité de contrôler des choses sur lesquelles je n'avais aucun pouvoir et aucune connaissance du tout. Pour un ou une autre raison et en dépit des événements j'avais vu avec mes propres yeux et avais même connu dans ma propre chair, je n'ai pas voulu croire que d'autres réalités ont existé. J'étais parmi ceux qui ont dit :

— Si je ne le vois pas, je ne le croirai pas.

Jusqu'à présent, la vérité est que même si quelquefois j'étais capable de voir quelques choses qui n'ont pas appartenu à ce monde matériel, je n'y croyais pas toujours.

 Cela pourrait être une des raisons pourquoi je suis devenu quelqu'un plus mauvais qu'un sceptique. Je suis devenu une personne qui a nié complètement tout. Donc, de l'adage:

— Si je ne le vois pas, je ne le croirai pas.

Avec le temps, je suis venu pour dire :

— Je le vois … Mais je ne le crois pas de toute façon.

D'un âge précoce, j'ai développé une personnalité folle et entêtée. Et finalement, au cours des ans quand je suis devenu plus vieux, je suis devenu un athée qui a essayé d'utiliser des explications scientifiques et un raisonnement instruit pour expliquer n'importe quoi de l'ordinaire.

Surtout, j'ai aimé la psychologie beaucoup et j'ai pris le grand intérêt et la tendresse dans cette branche de connaissance.

Bien que, j'aie mentionné seulement quelques faits à partir de mon passé pour montrer au lecteur le type de personnalité j'avais avant que je rencontre Jésus-Christ le Seigneur, depuis que je n'ai pas toujours été un admirateur de et un croyant fidèle dans lui.

UNE RENCONTRE INHABITUELLE

J'avais trois ans et j'ai vécu dans une petite maison avec mes parents. La maison a été localisée dans une communauté appelée San Cristobal, dans la Ville du Mexique. Je me souviens qu'un jour j'étais seul dans ma chambre à coucher et je me suis trouvé m'assoyant sur le plancher et passant le temps avec mes jouets. C'était un jour ordinaire le matin. La seule fenêtre dans la pièce a été fermée, mais les rideaux de la fenêtre étaient ouverts et la lumière du soleil a coulé librement dans ma chambre. Donc, l'endroit où je jouais avait assez de lumière sans avoir besoin d'une ampoule électrique sur pour l'illumination.

I was very entertained playing with a small toy dinosaur when a << présence >> manifested itself inside my bedroom. Quand je dis la présence, je veux dire quelqu'un, un étant ou quelque chose que je ne pouvais pas expliquer parce que je ne pouvais pas le voir, mais le sentir seulement.

Au moment exact que cette présence a apparu dans ma pièce, une petite explosion répercutée par l'air. Les choses autour de moi ont semblé vibrer ... le lit, le miroir, la commode, l'armoire, etc.

Et même les particules dans l'air sont devenues propres, comme si par une explosion ou un renvoi électrique dans l'atmosphère. C'était comme si cela <<quelqu'un>> ne pouvait pas résister aux particules impures, pas même dans l'air, aussi très petit que ceux-ci étaient, puisque c'est le cas de microbes ou de bactéries flottant dans l'environnement. Et pour cette raison, apparemment, même le même air a été nettoyé de toute contamination. J'ai estimé que quelqu'un était vraiment là et je crois que cela quelqu'un ou quelque chose me regardaient avec la grande curiosité. Quand j'ai regardé un point de contact fixement dans le <<néant>>, j'ai estimé que le néant rendait mon regard et qu'il me regardait fixement prudemment en arrière en même temps. Mais je ne pouvais voir personne. Cette présence a été soutenue dans l'ambiance, comme si dans le milieu de ma chambre à coucher et au-dessus de moi. Évidemment, au moins ce c'était ce que je croyais cela arrivait. Je n'ai senti aucune peur. Enfin, je pourrais deviner que quoi que cela volait dans le milieu de l'air avait — le pouvoir réel — et que j'étais complètement sans défense avant une telle puissance. Cette présence <<énigmatique>> a commencé à me visiter souvent dans ma pièce à ce jeune âge. Sans tenir compte de cela, cette expérience, loin de me faire me sentir ayant peur, m'a fait me sentir protégé parce que j'ai commencé à croire et estimer que quelqu'un s'occupait de moi.

PSYCHOLOGIE D'ENFANT 3-4

Quand je suis devenu plus vieux, j'ai aimé utiliser la psychologie comme un moyen d'expliquer les choses surnaturelles qui m'arrivaient. En trouvant une explication rationnelle d'un événement paranormal, je réussissais toujours à éviter l'inquiétude de besoin d'expliquer des faits qui n'avaient pas de normal ou une explication naturelle. Chaque fois que j'ai connu quelque chose d'inhabituel, je me dirais :

— Je ne suis pas fou. Je crois que je peux expliquer ce qui m'est arrivé. Cela doit avoir une explication logique.

Et comme était je la croissance, j'inventais aussi des 1000 raisons et des motifs que je pourrais utiliser pour rejeter toutes les expériences surnaturelles dans ma vie. En le faisant, j'étais capable de diriger et maintenir ma santé d'esprit, ou au moins un assez bon état ou niveau de santé mentale. Dans la psychologie, cette action d'autodéfense peut être connue comme la conservation de soi et un acte de maintenir le bon <<amour proper>>. La conservation de soi et le principe d'amour propre sont des instincts construits dans chaque personne (sont innés).

Ces instincts maintiennent, protègent et aident l'être humain à se développer pas seulement physiquement, mais aussi à un émotionnel et à un niveau mental. En d'autres termes, à un état psychologique en bonne santé. Et, c'est le travail de l'amour propre aider chaque humain à avoir un bon concept de lui-même. Si l'amour propre d'un individu est bas, cette personne a tendance à pas transcender dans la vie. Car quand un être humain a un concept de soi très bas, cette personne a tendance à se retenir, stagner et ne pas faire pas progressent dans la vie. Ceux qui n'ont pas de bon amour propre ont d'habitude toutes les sortes de problèmes avec eux-mêmes et avec les gens autour d'eux. D'autre part, si un individu a un amour propre <<en bonne santé>>, la personne réussit à être content de lui-même et peut se développer mieux dans la vie. C'est pourquoi il est très important de préserver l'amour propre. En plus, la psychologie soutient aussi que les humains, en grandissant, traversent des périodes du développement qui ne sont pas physiques seulement (le caporal), mais aussi psychologique (mental). À chaque stade de développement, l'être humain connaît de différents états psychologiques. Selon ces stades de croissance, trois à quatre le bébé d'ans connaît quelque chose de très particulier. Autour de cet âge est quand les enfants ont tendance à créer dans leurs esprits le soi-disant — l'ami imaginaire —.

Certains gosses à ce jeune âge peuvent être vus en ayant longtemps des conversations avec l'ami invisible susmentionné. Comme un jeune homme et en essayant d'expliquer mes expériences comme un enfant, j'ai pensé que cette particularité parmi les enfants de 3-4, pourrait expliquer très bien pourquoi j'ai estimé que la présence me visitant. Aussi, cette même <<netteté>> pourrait aussi expliquer pourquoi j'avais l'habitude de regarder des points fixés fixement où il n'y avait personne et pourquoi j'ai estimé qu'un être invisible — l'ami imaginaire — me soignait. Plus j'ai appris de la psychologie, plus de voies j'ai appris à être heureux avec moi-même. Pour cette raison, j'essayais toujours d'expliquer l'inexplicable — pour essayer de vivre heureusement et insouciant —. Il est intéressant de noter que si un enfant a des symptômes d'être regardé, la science médicale ne le prend pas au sérieux aussi. C'est parce qu'il est bien documenté qu'un bébé peut connaître de telles choses et il est pris puisque le cerveau se développe toujours à cet âge précoce. De plus, si un adulte présente les mêmes symptômes, la psychologie pourrait classifier immédiatement un tel comportement comme une paranoïa. La <<paranoia>> est un désordre de personnalité dans lequel l'individu peut imaginer des choses, comme être regardé ou se le fait de sentir persécutées et donc, la personne pourrait se sentir mise en danger.

À une opinion séparée, certains psychologues pourraient dire que les hallucinations que certains gosses ont sont juste une autre façon qu'ils peuvent s'exprimer. Cela pourrait les aider à évaluer les limites du nouveau monde qu'ils sont sur le point de connaître. Les enfants, consciemment ou inconsciemment, peuvent rechercher qui sont les lois terrestres qui les aideront à vivre et rencontrer les défis de cette vie. De cette manière, l'enfant peut se trouver par les fantaisies et il le fait d'une façon inoffensive par le biais du jeu. Les parents, à tour de rôle, sont ceux qui doivent guider le petit en marquant les limites entre la fantaisie et la réalité. Et ils ont besoin de le faire, sans, en même temps, en coupant les ailes de l'imagination du gosse. Le bébé doit connaître une enfance en bonne santé pour accomplir un potentiel maximum en mûrissant à son stade adulte. Une critique trop exagérée par les parents pourrait finir par endommager à ce niveau fin de développement. Une autre chose dont je me souviens de cet âge précoce consiste en ce que quelquefois j'ai commencé à crier subitement et sans tout motif apparent. Je me souviens clairement que quand j'avais trois à quatre des ans, je me suis demandé :

— Pourquoi crie-je ?

— Quelque chose blesse-t-il dans mon corps ?

Et j'ai répondu à ma propre question aussi :

— Non, rien ne blesse vraiment.

Alors je me suis poursuivi sur le contrôle du statut physique de mon corps et de la même façon j'ai répondu :

— Je ne suis pas affamé, ni assoiffé.

— Pourtant je crie ! Qu'est-ce qui m'arrive?

Après cela, j'ai répondu:

— Bien, cela doit être un état de développement de ce cerveau et de corps.

Et je crois que je n'étais pas trop loin de la vérité parce que la psychologie a une explication de cette situation aussi. La science de l'esprit nous dit qu'un enfant à cet âge peut souffrir des changements brusques d'humeur. Le mineur peut être heureux à un moment et crier l'instant suivant et ce qui arrive est que c'est un stade du développement émotionnel d'un enfant. Je me souviens de connaître cette sorte de comportement et aussi de mes pensées quand j'étais jeune si. C'est pourquoi, il se produit avec moi pour offrir le conseil suivant aux parents qui peuvent lire ce livre:

— Les parents ne battez pas s'il vous plaît vos enfants s'ils arrivent à crier beaucoup.

— Souvenez-vous que cela pourrait être très bien un état de développement du cerveau et du développement de l'état émotionnel du bébé.

LE

POSSESSION

Le suivant de l'expérience ordinaire dont je me souviens est arrivé quand j'avais quatre ans. Le nom de ma mère est Mary de Socorro. Je me souviens qu'un soir quelque part vers sept heures, je croyais que j'ai vu et ai entendu ma mère criant dans sa pièce. Ce tard le soir la pièce était déjà un peu sombre, ses lumières ont été éteintes et ses seules fenêtres ont été déjà fermées pour le froid de la nuit commençait à rendre sa présence estimée. Cependant, il y avait un peu de lumière venant d'une ampoule de la cour de la maison, ainsi une lumière rare infiltrée par les rideaux de la fenêtre jaune pâle et très transparente.

Dans la lumière sombre, je pourrais voir la figure sombre de ma mère m'assoyant au bord du lit. La silhouette a été tournée en avant, en faisant face à la fenêtre avec son dos vers moi. Les paumes de ses deux mains étaient sur son visage comme si elle sanglotait. Et même si elle criait doucement, je pourrais l'entendre très bien déplorer.

En observant cette situation insolite j'ai voulu approcher de ma mère pour voir ce qui a été incorrect,. Plein de curiosité j'ai enregistré la chambre lentement et quietly…

33

Quand je me suis approché de ma mère pour voir pourquoi elle criait — quelque chose était envoyé — de la bosse qui avait l'air d'être ma mère et j'ai estimé que quoi qu'elle soit eue me frappe directement sur la poitrine. Il s'est senti comme si un fort souffle d'air était entré dans la partie supérieure de mon corps. J'ai été effrayé, donc j'étais à bout immédiatement de la pièce. Mais en même temps et à partir de ce moment-là, j'ai commencé à sentir la <<haine>> dans mon cœur. Je suis conscient que j'étais un gâté et un enfant très colérique. Néanmoins, depuis cet incident, je sais que j'ai commencé à détester l'humanité. Je crois que ma vie entière a changé beaucoup, aussi bien que ma personnalité ce jour parce que je suis devenu un mauvais gosse. Ou plutôt je devrais dire, non seulement mauvais, mais malveillant. C'est ma propre conviction personnelle et opinion qu'à ce moment précis de mon enfance, j'étais possédé par un esprit sale. Oui, par un démon.

En reconnaissant que j'étais seulement un enfant de quatre ans, il est clair que je n'avais aucune connaissance de biens spirituels, ni des démons. Dorénavant, j'ai préféré oublier l'incident. En tout cas, à cet âge, je n'aurais pas su comment m'expliquer. Personne ne m'aurait compris ou aurait cru et personne ne pourrait m'avoir aidé. Ma famille n'était pas religieuse et nous assistions à peine jamais à l'église en arrière alors.

PSYCHOLOGIE D'ENFANT 4-5

Selon la psychologie s'est appliqué aux stades de croissance d'une personne, quatre à cinq l'enfant d'ans ne reconnaît pas toujours le danger de traverser une rue sans faire l'attention aux voitures. Il ne fait non plus l'attention à beaucoup d'autres dangers. Par conséquent, le petit est très impulsif dans ses actions, parce qu'il ne peut pas mesurer toujours les risques.

Les bébés à cet âge ont tendance aussi à être très égoïstes parce qu'il est difficile pour eux de traiter le concept de partage. Il est supposé que les enfants de quatre à cinq ans puissent déjà s'exprimer avec les mots et donc ils peuvent éviter l'agression physique avec leurs amis. Aussi, les gosses à ce jeune âge ont tendance à trouver le soi-disant meilleur ami parmi leurs camarades de classe ou camarades de jeu.

Néanmoins, la susdite description ne m'a pas expliqué entièrement. Car j'étais très agressif à cet âge et il était amusant pour moi de lutter avec d'autres gosses.

Et cela de la réalisation des amis n'était ma situation non plus, parce que disons juste que les enfants n'ont pas aimé s'approcher de moi beaucoup de ... pour les raisons évidentes.

CHAPITRE 3

MON FRÈRE DOIT MOURIR!

Pendant que beaucoup d'enfants de cinq ans pensent seulement au jeu, à cet âge je contemplais déjà l'idée de la façon comment tuer mon frère plus jeune. Le nom de mon frère plus jeune est Gabriel. J'avais cinq ans et mon petit frère avait seulement trois ans en ce moment-là. J'ai voulu tuer mon frère parce que je ne pouvais pas supporter l'idée de partager l'amour et l'affection de mes parents avec lui. La <<haine>> m'a aveuglé, donc j'ai décidé de tuer mon frère et j'ai attendu pour le bon moment pour venir par. C'est arrivé qu'un jour ma mère était endormie et mon petit frère était à l'intérieur de son berceau. Je croyais que c'était le moment parfait parce que le petit gosse morveux ne pouvait pas m'échapper. Je suis allé au tiroir de cuisine et j'ai pris un icepick (a montré l'instrument en métal). Après cela, je suis entré dans la pièce de mon frère et ai fermé la porte doucement. Alors je suis monté dans son berceau et j'ai pris mon frère par le cou avec ma main gauche et avec ma main droite en tenant le pic à glace, je l'ai poignardé comme plusieurs fois comme je pourrais. Mon frère a commencé à crier et crier pendant que j'ai contemplé comment ses vêtements ont commencé à tremper avec son propre sang.

Cependant, je ne me suis pas arrêté. J'ai voulu juste mon frère mort et le recevoir de ma maison. Remerciez Dieu que ma mère a entendu les cris de mon frère impuissant et est venue opportunément pour sauver petit Gabriel. Néanmoins, qui était seulement le début de beaucoup d'années de combat entre mon frère et moi parce que nous sommes devenus des ennemis durs, amers. Quand mon frère a grandi et pourrait se défendre de moi, nous sommes devenus la pleine personnification du chien contre le chat. Nous avions l'habitude de lutter en frappant, en donnant un coup de pied, en mordant, en frappant et en maudissant l'un l'autre — chaque seule journée —. Tristement, mes parents n'étaient jamais capables de nous faire nous comporter comme les frères et comme les gens instruits. La chose que mes parents ont faite dans leur désespoir pour essayer me contrôle devait me battre et qui a alimenté seulement la haine qui vivait déjà dans mon cœur. À cinq ans, je suis devenu un enfant désobéissant, rebelle et très agressif. EnjoyedI a provoqué des problèmes de nombre indicibles pour mes parents parce que j'ai aimé lutter contre d'autres enfants et malice de réalisation. Je me souviens que chaque nuit et déjà dans mon lit, <<j'ai aimé>> penser aux méchantes choses que je ferais quand le soleil est monté. Je croyais que peut-être le brisement d'une fenêtre, le brûlage d'un jouet, ou peut-être le battement en haut d'un gosse seraient amusants. J'ai aussi développé un goût spécial pour la chose appelée la vengeance. En arrière alors, j'ai cru que je-même étais plus fort que les autres enfants étaient et j'ai aussi senti un grand sens de joie dans mon cœur en me conduisant mal.

En particulier, j'ai senti la grande joie à l'intérieur de moi-même quand j'ai fait quelqu'un crier et souffrir. Pour moi, la haine était le <<plaisir>> et la provocation de la souffrance à quelqu'un était quelque chose de bon pour faire et j'ai essayé chaque jour de nourrir ce plaisir dans mon cœur. Et ainsi, j'ai mené ma vie d'une première enfance entourée par les problèmes de mauvais comportement et de mauvaise attitude. J'ai provoqué tous les types de frustrations pour mes parents et pour les gens qui avaient la malchance d'être mes victimes suivantes parce que mes méchants actes étaient beaucoup. Le nom de mon père est Joseph Louis et un de ces jours j'ai entendu ma mère disant mon père :

— Joseph Louis, quand cet enfant grandit, il va tuer les gens.

Je sais que ma mère était préoccupée très de moi et la direction que ma vie prendrait dans l'avenir. Car j'étais très difficile à contrôler et elle n'avait aucun entraînement ou connaissance, ni tout pouvoir de m'aider. Permettez-nous maintenant de lire dans la Bible la Sainte Écriture suivante:

Isaiah 5:20-21. Vous êtes mené pour le problème! VOUS DITES MAL est JUSTE, L'OBSCURITÉ est CLAIRE et amer est doux. Vous croyez que vous êtes intelligent et intelligent.

La Sainte Écriture était précisément ma situation. C'était ma vie réelle à l'époque. Ces gens, qui marchent dans le sentier de cruauté, font exactement l'opposé de Volonté de Dieu, mais tout de même ils osent l'appeler <<bon>>. Comment puis-je expliquer le mieux mon comportement à cet âge? À l'âge de cinq ans et selon mon propre mode de pensée, je faisais ce qui était juste parce que je faisais ce qui s'est senti bien à l'intérieur de moi. Aussi longtemps que je pourrais satisfaire mes besoins intérieurs, rien d'autre n'a semblé avoir quelque chose d'importance. Je sais qu'il est difficile de croire, mais il y a des adultes qui ont le même type de personnalité que j'avais quand j'étais cet âge. Malheureusement, il y a les gens qui restent piégés dans ce stade de développement. Ces gens ne connaissent pas le progrès dans leurs personnalités et ils restent collés là. Puisque, en continuant dans cet état, ils sentent sûrs et confiants en eux-mêmes et ils perçoivent aussi qu'ils ont un − un certain contrôle − sur leurs vies et sur les gens qui les entourent. D'une certaine façon, ils estiment qu'ils ont accompli le <<success>> dans la vie en se comportant comme ça et satisfaisants avec lequel, c'est comment ils ont voulu rester, vivent et meurent. Ces types des gens existent. J'étais un d'entre eux. En ce moment-là, j'étais très erroné dans mon appréciation de vie.

Mon père Joseph Louis est un ingénieur électricien. Un jour il a été engagé pour travailler sur l'entretien électrique d'une usine qui a extrait du fer d'une montagne. Cette mine en fer est toujours localisée à ce jour dans une ville appelée La Perle, dans l'état de Chihuahua, le Mexique. La commune de La Perle, est juste un petit règlement localisé dans le désert simple. Il est entouré par les collines audacieuses et arides parce que cela presque jamais les pluies et la végétation n'est rare là. Quand nous avons bougé dans cette ville, j'ai rejoint le jardin d'enfants (préscolaire), depuis que j'avais toujours environ cinq ans. En prenant déjà des classes dans le jardin d'enfants, j'ai estimé que j'étais supérieur à mes camarades de classe. Je croyais que j'étais plus fort, plus vite et plus intelligent qu'ils étaient. . Dans mon imagination, j'étais le chef suprême et le commandant en chef de l'école et l'enfant qui oserait me désobéir, je le battrais en haut.

PSYCHOLOGIE D'ENFANT 5-6

Par les stades du développement de la croissance d'un enfant, cinq à six le gosse d'ans a tendance d'habitude à montrer le soin et l'affection aux gens plus jeunes qu'il est ou vers les enfants qui souffrent d'un peu de douleur. Le bébé à cet âge est généralement docile à ses parents ou caregivers. Bien, rien de cela n'était mon cas parce que je me suis comporté exactement l'opposé de cette description à cet âge.

VOIX SANS UN CORPS

À l'âge de six ans, j'avais une autre expérience étrange de nouveau. J'ai apprécié pour chanter et en arrière alors il y avait une chanson espagnole que j'ai aimé beaucoup. On appelle cette ballade Veronica. Le nom de l'artiste qui a interprété cette chanson à la radio était Victor Iturbe Piruli. En ce moment-là, je croyais que c'était la meilleure chanson dans le monde entier et que nulle autre mélodie créée auparavant ou ne serait aussi bonne après. Cette mélodie m'a fait me sentir plus proche pour <<aimer>> que n'importe quoi d'autre. C'est pourquoi j'avais l'habitude de chanter cette chanson en descendant les rues. Un jour, j'ai dit à moi-même: — Je regrette que je n'aie pas des sentiments agréables donc je pourrais composer de belles chansons comme Veronica. Et en marchant et en pensant à de telles choses — une voix — est venue à mon oreille gauche et m'a maudit avec les mots suivants: — Damnez-vous! Après la chasse à courre, la voix m'a questionné:

— Qu'avez-vous dit juste?

— Un méchant homme comme vous? Un humain avec tant de haine, un être si pervers et un tel malfaiteur … Comment cela se fait-il que vous demandiez quelque chose de si noble et cela exige de tels bons sentiments?

Après cela, la voix, dans un ton provocant, a fait des remarques finalement:

— Il est stupide de vous de demander une telle chose!

Après m'avoir dit cela, la voix a répondu avec un éclat de rire retentissant et se moquant. L'éclat de rire était complètement malveillant et s'est moqué impitoyablement de mes bons vœux. À ce moment, je me suis senti moqué et très petit à l'intérieur. Puisque cette voix était juste. Il était comme demander roses rouge fin à une usine qui pourrait cultiver seulement des épines toxiques. Seulement un <<miracle>> pourrait mettre des sentiments agréables à l'intérieur de moi. Mes rêves simples d'avoir assez de bons sentiments pour écrire une chanson d'amour ont semblé non seulement complètement absurdes, mais inaccessibles aussi. Donc, je n'ai pas été surpris. Cette voix dans mon oreille gauche ne me disait rien de nouveau. J'étais bien conscient de l'état misérable de mon humanité à ce moment dans ma vie. Cependant, ce qui m'a vraiment surpris était qu'il a semblé comme si — quelqu'un d'autre — écoutait apparemment ou lisait mes pensées à cet instant. Ce qui est plus, que quelqu'un était bien conscient des allégations de la voix parlant dans mon oreille et se moquant de moi.

Et pendant que le rire se moquant a persévéré contre moi implacablement, c'est arrivé qu'une autre voix est devenue présente. Néanmoins, cette voix était différente.

Cette voix voletait au-dessus de ma tête et s'est dirigée vers mon oreille droite.

Et, comme si le message n'était pas seulement pour moi, mais aussi pour quelqu'un d'autre, avec une déclaration énergique, la nouvelle voix a crié :

— Je ferai votre pétition au fait d'avoir des sentiments agréables pour écrire des chansons être entendu !

Et puisque la voix scandaleuse disait que, elle s'est fanée rapidement, en se dirigeant vers le ciel et aux nuages blancs qui ont ressemblé à un coton doux et luisant sous la lumière du soleil. J'ai tourné mon visage vers le haut et ensuite latéralement, cependant je n'ai jamais vu personne.

À ce point, je me suis demandé si ma tête était pas male ou si, en plus de tous les problèmes que j'avais déjà, maintenant je commençais à recevoir quelques vis desserrées.

Je suis conscient que la condition de — l'audition des voix — peut être classée par catégories dans la psychologie comme une <<schizophrénie>>. Une personne schizophrène entend et voit des hallucinations.

Pour le schizophrène, il est difficile de distinguer ce qui est la vérité de ce qui est une hallucination. Mais encore une fois, est intéressant de noter que si une telle particularité se produit chez certains enfants sporadiquement, la science médicale ne la prend pas au sérieux aussi. Enfin, il y a quelques enfants qui ont ces expériences avec une régularité. Tel est la récurrence, que ces expériences peuvent être considérées dans le cadre de leur première enfance, partie de leur croissance et partie de leurs imaginations évoluant jamais. Pour la raison que le cerveau de l'enfant continue son développement.

PSYCHOLOGIE D'ENFANT 6-7

Par les stades de croissance et la maturation d'une personne, une petite de six à sept ans a toujours des problèmes avec être conscient du concept de moralité ou de comportement éthique. Un mineur de six ans a tendance à être très curieux et aime demander de toutes les choses autour de lui. À ce stade, le gosse souffre de plus en plus d'une peur de l'obscurité et des bruits étranges parce que l'enfant croit déjà dans la magie et dans la fantaisie. Donc, les enfants peuvent déjà imaginer des monstres dans l'obscurité.

En appliquant la susdite description à mes expériences de quand j'étais que l'âge, j'ai pris conscience qu'il était assez facile de blâmer l'imagination de l'enfant pour me faire avoir des hallucinations de ces voix.

Les voix désincarnées qui m'ont parlé ? Voix m'accusant de wrongdoings ? Les voix qui se sont fanées en montant dans le ciel ? Non, évidemment pas, c'était la fantaisie pure … j'ai raisonné.

CHAPITRE 4

L'INVISIBLE

MAÎTRE

Après un court temps, j'avais déjà sept ans, mais ma vie était toujours le même. La correction, plutôt je devrais avoir dit que ma vie avait pris une altération. J'étais un enfant de problème où que je sois. À sept ans, je croyais que mes farces et malices avaient déjà surpassé la limite d'endurance quelque temps il y a longtemps. Et je me suis demandé: — Comment cela se fait-il que mes parents puissent tellement me subir? Alors j'ai continué à dire: — Si j'avais un fils comme moi, je l'aurais déjà étranglé!

Je me souviens qu'à cet âge, j'ai continué seulement à me plaindre de ma vie quotidienne et de mon <<existence>> misérable. Je me suis plaint parce que je ne pouvais pas me conduire d'une façon convenable et j'ai même aimé me conduire mal et puisque vous pouvez imaginer le cher lecteur, qui m'a provoqué beaucoup de problèmes. Inhabituel était le jour où je n'ai pas été puni ou battu en haut à la maison parce que j'avais fait quelque chose qui ne va pas. Ainsi, je me suis demandé pourquoi ma vie devait y ressembler.

Pourquoi me suis-je comporté comme un animal ou plus mauvais qu'un animal qui ne comprend pas? J'ai utilisé pour le pugilat avec un enfant ou un autre presque chaque jour. Le jour que je n'irais pas la bagarre dans une bagarre avec quelqu'un, j'avais l'impression que mon corps avait besoin d'être battu de toute façon. Pour cette raison, j'ai saisi une ceinture de cuir et je me suis fouetté sur mon dos avec le métal de la boucle de la ceinture. La note rapide ici, on appelle l'acte de punition de soi avec tout instrument la flagellation. Dorénavant, j'ai pratiqué la <<flagellation>> quand j'étais seul dans ma pièce. Je n'avais pas peur d'être battu, plutôt j'en avais besoin pour dormir satisfait de mon chaque jour la vie. Chaque jour j'ai continué à me demander si ma vie entière y ressemblerait et j'étais inquiet de savoir: — Pourquoi je ne peux pas comprendre des raisons et obéir à mes parents et enseignants à l'école? Alors, j'ai commencé à réaliser et croire que mon existence sur la Terre serait mécontente seulement et pitoyable. De la même façon, je suis venu pour penser qu'il n'y avait rien pour moi dans cette vie — ni à ce moment, ni dans l'avenir —. La nuit avant le coucher, j'ai regardé la télévision et la vue que les nouvelles m'ont déprimé encore plus. Depuis que j'ai remarqué qu'il y avait trop de problèmes de cette planète et qui m'a fait me demander pourquoi tant de mal a existé. Je pourrais percevoir que j'ai vécu dans un monde imparfait et cruel. À cause de cela, je me suis posé tous les jours les questions suivantes …

— Pourquoi est là tant de douleur, mort, pauvreté et vol? — Pourquoi fait tant de maladie existent et pourquoi est là tant de guerre partout? — D'où font toutes les catastrophes et toute la corruption viennent de? Oh, et je ne veux pas oublier que je me suis aussi demandé: — Pourquoi sont là tant d'odeurs affreuses dans ce monde terrible? Et il n'y avait aucune réponse, mais seulement inquiétude et abondance de frustration. Il y a eu plusieurs moments et stades de ma vie quand j'ai eu la philosophie personnelle que j'ai répétée tous les jours, quelque chose comme un mantra ou une manie. Ma petite annonce personnelle disant à ce moment dans la vie était:

— Je ne veux pas vivre ici et je ne veux pas mener cette vie!

J'avais l'habitude de dire ce quotidien. Je passais chaque moment en niant ma propre existence, car j'ai été désillusionné de tout que j'ai vu. Les mauvaises nouvelles à la télé, mon propre mauvais comportement et mon attitude malade vers la vie m'ont fait voir seulement un monde qui était brutal et hostile à toute bienveillance. Je n'avais aucun respect pour la vie. J'ai senti un plaisir exquis dans la provocation de la douleur aux gens et dans le meurtre de toutes les sortes d'animaux dans les collines de la ville. Je n'avais aucun regret. Il n'y avait aucun m'attendent. Il n'y avait aucune lumière à la fin du tunnel.

48

Et si cette planète était pleine des gens comme moi, donc, il n'y avait aucun espoir pour de ce monde non plus. Tristement, c'était mon mode de pensée au jeune âge de sept ans. Depuis l'enfance, j'aimais toujours être seul. Pour quelque raison, j'avais la grande affection pour la solitude. Un de ces jours que j'ai quittés seul, en chassant et en tuant des animaux sur les montagnes qui ont entouré la ville. Solitaire, je me suis promené par les collines, en allant ma voie, en me plaignant de toutes les mauvaises choses que j'ai trouvées dans cette vie — puisque c'était déjà mon habitude —. Donc j'ai marché autour du pareil cela, le marmottage, la plainte et les jurons. Je ne l'ai pas gardé à moi-même. J'étais grand de cela. Simplement, je n'ai pas voulu vivre plus et le monde entier devait le savoir. C'était un jour nuageux. Il venait de pleuvoir, qui était inhabituel pour le désert. On pourrait sentir l'odeur de sol mouillé dans l'air. Le soleil a hésité à partir et a caché sa lueur radieuse derrière le nuage gris l'un après l'autre se promenant. D'ici là, c'était vers deux heures de l'après-midi où subitement et sans tout avertissement — un être invisible — a commencé à me parler. Je n'ai vu personne la réputation près de moi, mais une voix a commencé à parler dans mes oreilles dans un ton clair, sympathique et chaud. L'être invisible me parlait comme s'il me connaissait d'il y a bien longtemps et sa voix la confiance inspirée et l'amitié.

La voix a semblé être d'un jeune homme et apparemment, en jugeant par le son venant de la voix, l'homme était plus grand que j'étais. J'ai tourné ma tête autour de la recherche de l'endroit de la voix, mais il n'y avait personne la réputation à côté de moi. En dépit de cela, je n'avais aucune peur, pas parce que j'étais très brave, mais parce que je crois que mon expérience d'audition des voix sans voir un corps quand j'avais six ans, m'avait déjà rendu un peu familier avec cette sorte d'occurrence. However, the invisible being apparently > my thoughts. Ce qui est plus, il savait pas seulement mes pensées de cet instant, mais apparemment aussi mes pensées d'il y a très longtemps. En bref, quand cette voix a commencé à me parler, elle a dit:

— Pourquoi déplorez-vous tellement? La seule chose je reçois des nouvelles de vous le jour et la nuit est des plaintes et vous n'arrêtez pas de vous plaindre! Après cela, l'invisible étant continué en disant: — Comme vous dites qu'il y a la haine, il y a aussi l'amour. Aussi bien qu'il y a de mauvaises odeurs, que dites-vous de l'arôme du roses? Que dites-vous du parfum de parfums exquis? Juste au moment où il y a les mauvais gens, il y a aussi les bons gens. Juste au moment où il y a des voleurs et une malhonnêteté … Ici la voix a embauché un ton plus énergique, mais a continué à dire avec la joie:

— Il y a aussi les gens qui cherchent la vérité et la justice! Juste au moment où il y a la mort … il y a la vie! Juste au moment où il y a la douleur et le chagrin. il y a aussi happinesse Ce qui fait vous dites de la joie de laughterh.

Ensuite, en levant sa voix un peu plus que d'ici là il a déjà portée un ton de reproche, l'apparition invisible a ajouté:

— Vous voyez seulement le mauvais parce que vous êtes obstiné. Vous ne savez pas que vous devez mener cette vie de toute façon?

— Alors, que bon est-il pour vous pour se plaindre tellement ? Mais je vous dirai plus de … (l'enseignant exceptionnel a procédé).

— Si vous tenez à mener cette vie, en pensant aux choses négatives, vous serez capable de mener la vie (ici la voix a marqué une pause et a continué plus tard) … mais vous ne serez pas heureux.

— Je vous permettrai de savoir que vous pouvez aussi promettre de mener cette vie pensant aux choses positives. Vous pouvez mener la vie cette voie aussi. La différence est que vous serez heureux plutôt.

— Le <<secret>> au bonheur doit prendre la route au bonheur. Il y a seulement une voie à cela et seulement vous avez le choix de choisir ce sentier et personne d'autre.

— Souvenez-vous-en très bien … Vous êtes déjà dans ce monde, vous devez mener cette vie et seulement vous prenez la décision pour être heureux ou mécontent. L'invisible étant finalement écrié:

— Tout est dans vous!

Et la leçon s'est arrêtée directement là. Aussi subitement que la voix était venue, elle a disparu et j'étais seul, en ne sachant pas que faire de tout cela. Cela peut être surprenant à quelqu'un, mais la Bible nous dit de l'expérience d'audition des voix dans l'oreille. Nous pouvons le voir dans la suivante.

Job 33:16-18. IL peut CHUCHOTER quelque chose DANS LEUR OREILLE et ils sont effrayés quand ils entendent ses avertissements. DIEU CONSEILLE les gens de les arrêter de faire mal et les empêcher de devenir fiers. Il le fait POUR LES SAUVER de la mort.

Je lisais toujours des livres depuis l'enfance, car je cherchais continuellement les réponses à la vie, aussi beaucoup de question des gens eux-mêmes. Pourtant, quand j'ai lu ce que la Bible dit dans le vers énuméré au-dessus, je me suis senti — la chair de poule — derrière ma tête. Selon les Saintes Écritures, Dieu lui-même peut parler dans de quelqu'un entendu!

Les leçons que la Bible peut nous donner frappent. Enfin, plusieurs fois nous lisons la Sainte Écriture et nous ne le comprenons pas parce que nous manquons du <<discernement>> spirituel. Le discernement quelquefois spirituel est acquis quand Dieu vous fait vivre une expérience dans votre propre vie et ensuite plus tard, après avoir lu la Bible, vous pouvez dire ...

— Oh ... je le reçois!

Donc une chose il doit lire la Bible et un autre pour le comprendre. C'est aussi une chose à comprendre la Bible et un autre pour le connaître ou le vivre. C'est triste, mais la plupart des personnes ne comprennent pas les Saintes Écritures sacrées et, donc, ne vivent pas le mot de Dieu trouvé dans lui.

Avec ce livre, j'espère installer mes deux cents sur le sujet et peut-être aider quelqu'un à comprendre quelques citations. J'ai la confiance que les citations bibliques que vous apprendrez dans ce texte vous donneront la connaissance nécessaire et suffisante pour sauver votre âme de l'Enfer.

PSYCHOLOGIE D'ENFANT 7-8

Un enfant normal de cet âge montre plus de sympathie et gentillesse en ce qui concerne les problèmes et les besoins de ceux autour de lui. Peu sur a tendance aussi à être moins égoïste et montrer plus de coopération avec sa famille. En plus, le gosse peut devenir plus réservé ou introverti. L'idée d'échouer et ne pas réussir à la vie se cache déjà dans l'esprit du mineur pour ce moment là.

Dans ma situation, je n'étais pas gentil du tout et je me suis comporté d'une façon très égoïste. Tout cela a été combiné avec un manque de volonté sur ma partie pour coopérer avec ma famille parce que — j'ai détesté chacun —. Toujours et tous, je savais que quelque chose m'arrivait mal. Quelque chose était incorrect avec moi, mais je ne savais pas ce que c'était et j'ai été vraiment inquiété de mon avenir.

DICHOTOMIE DE VIE

La vie sur la Terre a une dichotomie. La dichotomie veut dire de devoir faire un choix entre deux décisions adverses. Il y a une dichotomie quand nous choisissons entre le fait d'avoir des pensées positives ou des pensées négatives. Dans une manière pareille, nous pourrions dire qu'il y a une dichotomie quand nous choisissons entre l'action bon et l'action mal. En réalité, nous le faisons si fréquemment que nous n'y faisons plus beaucoup d'attention. À ce moment, la chose importante est de savoir que cette action mentale existe et qu'il se produit dans notre cerveau un grand nombre de fois pendant le jour. Après la leçon que le maître invisible singulier m'a donnée, j'ai décidé d'y donner un essai étant une personne positive. Le cher lecteur, je suis lent un peu pour apprendre, mais j'ai appris certainement cet enseignement. Quand j'ai arrêté de me plaindre tellement, ma vie a changé un peu sous certains aspects. J'ai commencé à être un peu plus heureux sans tant d'agitation dans mes pensées. Dans les pages suivantes, je discuterai les <<quatre>> pas qui m'ont été montrés vivre mieux et qui ont aussi de la grande aide dans la recherche et l'obtention du salut. Cela très même leçon de dichotomie révèle le premier pas à Dieu sachant et l'économie de votre âme ...

LE PREMIER PAS À SAUVER L'ÂME

Le premier pas est — être Positif. Pensez et parlez seulement de bonnes choses. Souvenez-vous que la réflexion et parler de bonnes choses sont des actions qui doivent aller — rendent la main — pour faire ce travail. En parlant et en croyant de bonnes choses, ne sont pas, ils ne seront non plus deux choses séparées pour cela pour être en accord avec Dieu. Permettez-nous de voir ce que la Bible dit en ce qui concerne cette édition:

Deutéronome 5:28-29. Le Seigneur a entendu ce que vous avez dit et m'avez dit, 'J'ai entendu ce que les gens ont DIT. Et c'est PARFAIT. J'ai voulu seulement changer leur mode-de-pensée-I a voulu qu'ils m'aient respecté et aient obéi à toutes mes commandes du cœur. Alors tout serait parfait avec eux et avec leurs descendants pour toujours.

Ici dans le livre de Deutéronome, Moses décrit un acte par le peuple juif. La Sainte Écriture nous dit que Dieu a semblé content par ce que les gens ont dit. Donc, cela signifie que les gens — parlaient de bonnes choses —. Ensuite, Dieu a dit qu'il voudrait pour les gens toujours penser bien. Le résultat du fait de parler bien et du fait de penser bien, comme la citation s'exprime, consiste en ce que les gens seront mieux. La Sainte Écriture dit que les personnes auront une vie parfaite ou une vie heureuse. Les choses vous pensez et parlez de sont si <<importants>> pour Dieu que la même leçon se répète dans beaucoup de chapitres partout dans la Bible:

Matthew 12:35-37. Ceux qui sont bons font sauver de bonnes choses dans leurs cœurs. C'est pour cela qu'ils DISENT DE BONNES CHOSES. Mais ceux qui sont méchants ont des cœurs pleins de mal et c'est pour cela qu'ils disent des choses qui sont méchantes. Je vous dis que chacun devra répondre pour toutes les choses négligentes qu'ils ont dites. Cela trouvera le jour par hasard de jugement. VOS MOTS SERONT UTILISÉS POUR VOUS JUGER. Ce que vous avez dit montrera si vous avez raison ou si vous êtes coupable. "

Genèse 6:5. Le Seigneur a vu que les gens sur la terre étaient très méchants. Il a vu qu'ILS PENSAIENT seulement à de MÉCHANTES CHOSES TOUT LE TEMPS.

Ces Saintes Écritures nous enseignent que Dieu entend <<en fait>> tout que nous disons et croyons. Pour cette raison, il est extrêmement important que nous y faisons l'attention. Dorénavant, il est mieux de souhaiter seulement bonnes choses avec votre esprit et aussi parler seulement bonnes choses.

Cela peut vous surprendre d'apprendre que selon une étude récente de National Science Foundation (NSF), une personne avec un esprit occupé peut avoir n'importe où de douze mille à cinquante mille pensées par jour. Pareillement, il est intéressant de noter que la même étude révèle que jusqu'à quatre-vingts pour cent de ces pensées sont d'habitude négatif.

Si c'est ainsi, donc il y a certains c'est vrai à la recommandation biblique. Les êtres humains peuvent être tout à fait négatifs dans leurs pensées. Donc, les gens devront changer leur mode de pensée s'ils veulent voir le royaume spirituel appelé le Ciel. Dès que vous convertissez ces pensées négatives en pensées positives et les mauvais mots dans de bons mots, vous serez plus proche au salut de votre âme et vous marcherez fermement au deuxième pas.

CHAPITRE 5

MOI COMME A

PRÊTRE?

Maintenant j'avais huit ans et apparemment, la rencontre avec l'être invisible et l'enseignement de comportement puisqu'une personne positive m'avait quitté assez enthousiaste. Donc, j'ai commencé à visiter l'église avec la fréquence. Il y avait seulement un temple dans la ville. La paroisse était le catholique et c'était très petit, mais j'y ai assisté volontiers chaque dimanche matin. Je me souviens bien qu'à cet âge, j'avais l'habitude de me demander de laquelle profession je poursuivrais dans l'avenir. Quel serait le travail le mieux payé ? Peut-être ce serait une bonne idée de devenir un avocat. Ou et la formation d'un acteur célèbre? J'ai aussi rêvé de travailler comme un ambassadeur pour mon pays dans une terre étrangère exotique et lointaine. Je me suis représenté portant un portefeuille cher fait de la peau de crocodile. Je porterais un costume cher et des cravates de soie parfaites. Mon costume, une couleur gris clair, serait fait de la laine de cachemire désirée et adapté par un créateur célèbre. Mes chaussures seraient du vin colorié et fait d'un cuir verni de haut lustre.

Le bureau de mon travail devrait ressembler à celui d'un grand cadre réussi. Car je ferais faire un bureau luxueux du bois cher d'acajou et des palmiers tout autour de l'intérieur le bureau parce que j'aime vraiment la végétation et les usines.

D'autre part, je me souviens aussi de penser à la probabilité de la réalité de Dieu et j'avais l'habitude de dire à moi-même:

— Si Dieu existe vraiment, il serait le plus grand patron sur la planète entière.

— Dans ce cas, il ne serait pas mieux payé et plus important pour travailler pour le plus grand patron il y a?

Néanmoins, en dépit de mes pensées profondes de l'existence possible de la divinité ou de mes plans à être établis comme un fonctionnaire important, je me comportais toujours aussi mal que je pourrais peut-être. Pour ce moment là, La Perle était partie un plein mois sans télévision. C'était parce que j'avais mis le feu à l'une seule antenne qui a reçu et a transmis le signal de télévision dans la petite ville. Le jour était trop court pour faire la cruauté et cela a inclus le jeu de celui ou d'une autre farce cruelle.

DU MAUVAIS

NOUVELLES

J'avais un oncle appelé Antonio qui a vécu avec sa famille dans l'état mexicain de Michoacan dans une ville appelée Lazaro Cardenas. Un jour nous avons reçu les nouvelles terribles que mon oncle Antonio avait décéder prématurément à juste trente-cinq ans d'âge. Sa mort avait été inhabituelle un peu parce qu'il est mort en subissant un enlèvement chirurgical simple des amygdales (la tonsillectomy). Après que le docteur avait administré l'anesthésie pour commencer la chirurgie, mon oncle s'est endormi et ne s'est pas réveillé de nouveau. Cet événement était particulièrement pénible pour beaucoup de personnes parce que mon oncle était un pourvoyeur excellent pour sa famille, un bon mari et un père noble. Je me souviens de mon oncle Antonio, comme un extrêmement gentil et une personne très agréable. Mon oncle a été survécu par sa femme, ma tante Hortensia, ses deux filles, mes cousins Elizabeth et Theresa et son fils, mon cousin Tony. Ma tante Hortensia était la sœur de mon père Joseph Louis. C'est la raison pourquoi, les enfants de ma tante Hortensia sont mes pleins cousins. Mes cousins et moi sommes grossièrement le même âge, donc nous jouions toujours ensemble quand nos parents se sont visités.

PSYCHOLOGIE D'ENFANT 8-9

Selon la croissance et les stades de maturité de psychologie, une petite à cet âge aime d'habitude socialiser avec d'autres gens et aime surtout passer le temps avec sa propre famille. En dépit de cela, un enfant de huit à neuf ans peut être impatient et odieux. Le mineur voudrait critiquer et se disputer avec ses parents et peut aussi être un peu impoli. La raison pour cela pourrait consister en ce que le gosse peut se sentir insuffisant et peut-être même mécontent avec son statut économique, parce qu'à cet âge les enfants commencent déjà à faire des comparaisons de classe sociale.

Quelque chose de spécial qui arrive à ce stade est qu'un enfant a le problème en acceptant la culpabilité ou en admettant qu'il a fait quelque chose qui ne va pas. À l'âge de huit à neuf années, quand le mineur fait une erreur, il se défend d'habitude en blâmant quelqu'un ou quelque chose d'autre. Les choix entre le bien et le mal occupent une grande partie de l'esprit du petit garçon à cette période.

Dans mon cas, j'ai connu les choses normales qu'un gars connaît à cet âge, avec l'exception étant cela j'avais des connaissances zéro lors de la socialisation avec les gens.

LES AUTRES DIMENSIONS

Pour l'instant dans l'histoire, j'avais déjà neuf ans et nous avions bougé au vivant à la Ville du Mexique. Nous avons vécu dans un complexe d'appartement. À ce jour ce complexe est toujours localisé dans la municipalité appelée Obrera, dans une rue appelée Isabel que le catholique et juste quelques minutes de distance du principal carré gouvernemental a appelée Zocalo. Ma vie est restée à peu près le même. J'ai continué à lutter avec mes camarades de classe et avec les enfants autour du voisinage et quand j'étais à la maison, je donnais et mon frère Gabriel un temps difficile à mes parents. C'était parce que j'étais plein toujours de la haine et de la rébellion. D'ici là ma tante Hortensia et ses enfants avaient aussi bougé à la Ville du Mexique et ils ont vécu relativement près de ma maison. Un jour mes parents ont visité la maison de ma tante Hortensia et c'est arrivé que mes cousins Elizabeth et Theresa m'ont invité à jouer à un jeu spécial avec eux. C'était un passe-temps amusant qu'ils avaient utilisé pour le divertissement pendant quelque temps — le jeu célèbre de la planche d'Ouija —. Et peut-être le lecteur peut demander, qu'est-ce qu'une planche d'Ouija? La planche Ouija est un jeu qui se compose d'une table de bois plate et carrée avec les choses suivantes écrites sur elle — les lettres de l'alphabet, les nombres de 0-9 et les mots Oui, non, et Au revoir —.

On dit que seulement les vrais moyens d'expression psychiques peuvent utiliser la planche d'Ouija pour communiquer avec les morts. J'ai joué avec le jeu de la planche d'Ouija seulement en visitant mes cousins estimant que je n'y ai pas cru vraiment. Cependant, ma cousine Theresa avait pris le grand <<intérêt>> pour cela et avait joué au jeu tout à fait souvent. Elle a commencé à s'entretenir avec la planche d'Ouija quand elle avait seulement huit ans parce qu'elle a cru que par ce jeu il était possible de parler à son père, qui avait décéder quelque temps auparavant. Au début, l'esprit à l'intérieur de la planche d'Ouija a assuré mon cousin qu'il était son père défunt. Pour cette raison, Theresa a joué pour communiquer avec l'esprit de son père depuis plusieurs heures tous les jours. La convocation d'un esprit pendant une séance de jeu sur la planche d'Ouija était extrêmement facile pour les deux de mes cousins. En plaçant légèrement deux ou trois doigts sur un petit cœur de bois, en posant une question à la planche et en se concentrant attentivement, on pourrait faire un esprit répondre en déplaçant le cœur de bois sur le comprimé. Le cœur de bois a arrêté de montrer à chaque lettre, en formant des mots qui se sont formés à tour de rôle terminent des phrases. Pour donner des dates et les heures, le cœur de bois s'est arrêté sur les nombres de 0 à 9.

La planche Ouija , qui a semblé être seulement un — le jeu innocent — pour avoir pour l'amusement pendant quelque temps, s'est révélée être un cauchemar entier pour la petite famille de ma tante Hortensia. Au commencement, Theresa a mené sa vie comme elle normal a fait, mais le jour est venu quand mon cousin a commencé à se comporter d'une façon très inhabituelle. Le doux rêve qu'elle avait restitué la communication avec son père chéri défunt est devenu un <<cauchemar>> horrifique. C'était parce qu'un démon a commencé à apparaître dans ses rêves pendant qu'elle a dormi et la créature diabolique l'a intimidée en disant: — Je suis venu pour vous, vous m'appartenez, vous êtes les mien. La bête qui lui a apparu avait le visage d'une chèvre, avec une longue barbe noire. De son crâne a dépassé une paire de cornes tournées qui, comme le soufre fondu, étaient le jaune rougeâtre dans la couleur. Les cornes ont montré des pièces de taches de cendre noires dans quelques parties des tours. Ses yeux étaient incandescents, comme les charbons brûlants. De son museau a émergé la fumée grise et une paire de longs, courbés et a montré des crocs canins d'une couleur ivoire sale. Ces crocs sont tombés au-dessous de son menton de quelques pouces. À l'exception de sa tête, la partie supérieure de son corps a ressemblé à ce d'un homme, pendant que la partie inférieure de son corps a ressemblé à cette d'une chèvre.

L'entité avait des jambes marron foncé poilues qui ont fini avec les sabots noirs brûlés légèrement et opaques. Sa fourrure a lui. Comme le temps passé à côté, l'esprit sale pas l'a intimidée seulement avec les mots, mais a aussi commencé à l'attaquer et lui faire mal pendant ses rêves. Pendant la nuit, quand Theresa criait dans la terreur et la douleur sur ce qu'elle connaissait dans ses cauchemars, sa mère surexcitée heurterait la pièce de sa fille, en essayant d'aider. De toute façon, tous les efforts étaient en vain. Les cauchemars ont continué à se répéter la nuit et personne ne pourrait faire rien pour aider mon cousin. Pendant quelque temps, les cauchemars l'ont tourmentée seul pendant qu'elle dormait la nuit. Mais plus tard, la souffrance n'était pas seulement pendant la nuit, mais aussi pendant le jour. Mon cousin a commencé à s'évanouir pendant la journée. Quand elle s'est évanouie et a retrouvé plus tard la conscience, sa bouche a émis les sons d'animaux et de son regard changé. Son visage ridé et ses yeux ont semblé furieux. En outre, elle ne pouvait pas reconnaître les gens autour d'elle. Elle n'était pas même capable d'identifier sa propre famille et Theresa nous dirait: — Qui êtes-vous? — Où je suis? Et quelque chose que le test est que sa force était si grande. Pas même cinq hommes étaient assez forts pour la prendre au service de dimanche, parce qu'elle a résisté et était plus forte qu'ils étaient.

Petit à petit, parmi la famille et les amis, mon cousin a commencé à gagner une réputation d'être <<fou>>. Cependant, quand sa mère l'a prise pour s'entretenir avec les spécialistes, aussi étranges qu'il peut sembler, ni les médecins ni les psychiatres ne pourraient trouver aucune maladie dans elle. Si la psychologie essaie d'expliquer la sorte de cauchemars d'être pourchassée, être mordue par un animal ou être tuée — on dit que la cause commune peut consister en ce que la personne a des problèmes avec l'adaptation sociale —. De la même façon et aussi selon la psychologie, un cauchemar peut être une réaction normale à la quantité et au type de tension à laquelle un individu est asservi dans son quotidien vivant. Si le problème continue et prévient le développement social de la personne, donc la situation peut être considérée comme un <<désordre>> ou un dérangement. Et si le cauchemar se reproduit avec le même sujet, donc le problème pourrait avoir été classifié comme un type de cauchemar répétitif appelé de désordre. Il vaut la peine de noter que ce type de problème est plus répandu dans les femmes que dans les hommes. Donc, selon la science de l'esprit, tout cela pourrait avoir une explication scientifique. Ou pourrait il? À mon opinion, la planche d'Ouija n'est pas un <<jeu>> puisque est décrit innocemment par les magasins de jouets.

En réalité, la planche d'Ouija est une porte — c'est un portail spirituel à une dimension malfaisante — comme toutes les sortes de méchants spiritueux peuvent venir de cette planche. Permettez-nous de regarder ce que la Bible doit dire sur ce sujet:

Leviticus 19:31. N'allez pas aux moyens d'expression ou aux sorciers pour le conseil — ILS VOUS RENDRONT seulement SALES. Je suis le Seigneur votre Dieu.

Bien, ce qui arrive est que le corps physique est un — le récipient ou un réceptacle — pour le corps spirituel. De temps en temps, une personne peut sentir un espace vide dans sa poitrine. C'est l'endroit auquel je fais allusion. Le corps de chair peut loger d'autres spiritueux en plus de l'esprit humain lui-même. Et, aussi incroyable qu'il peut sembler, le corps humain peut loger des milliers de spiritueux diaboliques dans. Cela peut arriver parce qu'un corps spirituel n'est pas soumis aux lois physiques d'un corps matériel. Comme un exemple de ce que je dis, nous avons ce qui a été bibliquement écrit dans le livre de chapitre de Mark cinq — quand Christ s'est débarrassé du joug diabolique de l'homme possédé de Gerasenes —. Permettez-nous de regarder ce que la Sainte Écriture suivante dit :

Marque 5:9. Alors Jésus a demandé à l'homme, "Comment vous appelez-vous?" L'homme a répondu, "Mon nom est la LÉGION, parce qu'il y a BEAUCOUP DE SPIRITUEUX À L'INTÉRIEUR DE MOI."

Si vous pouvez lire le chapitre entier dans la Bible, vous verrez qu'il semble comme si Jésus a posé cette question de l'homme. Mais, en réalité la question était destinée au méchant esprit dans l'homme. Combien grand était la surprise quand la réponse du démon était ...

Mon nom est la légion, parce que nous sommes beaucoup. Ce qui est plus, il est intéressant de noter qu'une légion romaine dans le temps de Jesus Christ a été composée d'autant que six mille soldats. Pour rendre des affaires plus mauvaises, pas seulement un être humain peut être infesté avec de méchants spiritueux — juste au moment où les cafards peuvent envahir une maison — mais aussi, de ma propre expérience je vous permets de savoir, qu'une personne avec une possession diabolique peut connaître des problèmes qui peuvent <<s'aggraver>>. Ce que je veux dire par cela, est que les problèmes de la personne peuvent augmenter progressivement et à tel point qu'au fil des années l'individu peut même perdre le désir de vivre. Cela peut arriver parce que le démon a le pouvoir d'emporter le goût pour vivre de la personne.

Aussi, il est aussi important d'annoncer que c'est toujours un effort vain d'essayer de faire des amis avec une entité sale. Puisque ce sont des créatures mensongères qui ont seulement l'intention de détruire des humains ou l'<<anéantissement>> complet de l'être de qui ils emménagent. Comme un exemple de ce que je dis, vous pouvez regarder de nouveau dans le chapitre de Mark cinq, avec le vers treize. Ce que vous pouvez voir dans cette Sainte Écriture, est que quand la légion de méchants spiritueux est venue de l'homme possédé, ils sont allés immédiatement à un troupeau de cochons. Ce qui a suivi était que la légion de démons a fait le troupeau pour se suicider, puisque les cochons ont heurté un lac et se sont noyés. Bien que, la plupart du temps, l'esprit sale tue la personne dont il a emménagé, d'une façon plus fine ou beaucoup plus subtile pour ainsi dire. Vu le fait que, dans un être humain, le démon joue lentement la suffocation de sa victime. Comme cela, petit à petit, l'être infernal emporte le plaisir de la victime dans la vie et peut harceler constamment la personne avec les pensées suicidaires. Néanmoins, vous ne devriez jamais mettre en doute si si les démons voudraient tuer un être humain aussi vite qu'ils ont tué les cochons, comme dans le dernier exemple de la Bible.

C'est parce que le Satan et ses anges tombés détestent et détestent avec toutes leurs tripes l'homo sapiens naïf et sceptique (l'humain sage). Une des différences entre un être humain et un animal est qu'un humain a l'autonomie — en d'autres termes le libre arbitre — pendant que les animaux ne font pas. L'esprit malfaisant peut mettre le désir pour le suicide dans l'esprit humain, mais le surpassement de la volonté humaine est plus dur pour le démon. Malheureusement, les animaux n'ont pas une telle défense en estimant qu'ils agissent seulement sur l'instinct. Finalement, les démons ne sont des amis de personne et s'ils montrent vraiment l'amitié, c'est seulement pour faire semblant. Ils le font pour descendre les défenses de la personne pour qu'ils puissent s'approcher de l'individu. Cet être détestable souhaite seulement la destruction d'humanité dans son ensemble. Le nom de leur jeu diabolique est: <<Contrôle et Destruction>>. Concernant l'utilisation d'objets de se mettre en contact spirituel, ce n'est une bonne idée non plus. Cela, en fait, est une si mauvaise idée que Dieu lui-même est celui qui l'interdit. Avec les mots — les objets de contact — je fais allusion à n'importe quoi qu'une personne peut utiliser comme un accessoire pour communiquer avec une autre dimension.

Un objet fabriqué de contact devient un <<point>> pour la concentration mentale. Quand une personne utilise son esprit pour se concentrer sur un objet, une porte s'ouvre dans le royaume spirituel et il permet l'invocation ou le fait d'adorer d'être de toute sorte. Cela inclut pas être seulement divin tel que Dieux, anges, saints, vierges, etc. mais aussi spiritueux ou démons. L'exécution de tout de cela est défendue par Dieu biblique, même si la personne peut le faire avec de bonnes intentions. Ces points de contact peuvent inclure des centaines d'instruments telles que les images, les timbres, les statues, les figurines, les bougies, les cristaux, l'eau, etc. C'est clair maintenant, que la planche d'Ouija est incluse dans cette longue liste de choses que personne ne devrait utiliser. De cette édition, nous pouvons lire la chose suivante:

Deutéronome 5:8-9. 'Vous NE DEVEZ PAS FAIRE D'IDOLES. N'inventez de STATUES ou DESSINS de rien dans le ciel ou de rien sur la terre ou de rien en bas dans l'eau. N'ADOREZ PAS ou servez des IDOLES de toute sorte ...

Dans la même façon, je dois ajouter que plusieurs fois ces objets — même s'ils ont été utilisés depuis seulement un temps simple — restent en permanence <<actifs>>.

Ici, avec le mot actif je veux dire ouvert et ces instruments ouverts peuvent créer un nombre indicible de problèmes pour leurs propriétaires clueless. Ce qui arrive voici que l'être de la dimension spirituelle peut venir et aller à volonté par ces portails ouverts. Et en général, ces types d'entités ne sont à la hauteur d'aucun bien la plupart des temps. Les conséquences consistent en ce que les propriétaires troubles de ces objets fabriqués actifs ne peuvent pas déterminer ce qui les provoque tant d'adversités dans leurs vies, dans leurs familles et même dans leurs propres maisons.

Concernant cette édition, la Bible enseigne que le seul point de contact spirituel avec Dieu est Christ lui-même et qu'il n'y a aucun médiateur supplémentaire. Ces renseignements peuvent être lus ici:

1 Timothy 2:5. Il y a seulement un Dieu et il y a SEULEMENT UNE FAÇON que les gens peuvent ATTEINDRE DIEU. CETTE VOIE EST par CHRIST JÉSUS ...

PSYCHOLOGIE D'ENFANT 9-10

À ce stade de la vie d'un enfant normal, le mineur dépend toujours très de la maman et du papa. Le petit recherche la sécurité offerte par ses parents et aussi après l'exemple qu'ils fournissent. Je me souviens qu'à cet âge, j'ai rendu ma mère très furieuse à moi et elle m'a banni de la maison. C'est pourquoi, j'ai quitté ma maison sans intention de revenir. Pendant le jour, j'ai passé mon temps en vivant de la manche autour de la rue. Le problème est venu avec la nuit, puisque je n'avais aucun endroit où je pourrais aller dormir. Depuis que je n'avais aucun argent pour payer pour un hôtel, j'ai caché à l'intérieur d'une chaîne de supermarché appelée l'Entrepôt Aurrera. Quand le magasin a fermé, j'ai gardé caché à l'intérieur. Cependant, cette aventure n'a pas duré longtemps. Tôt le matin, j'ai été capturé par le garde de sécurité, qui m'a livré au directeur, qui a pris heureusement la décision pour appeler mes parents au lieu de la police. Mes parents m'ont recueilli à sept a. m. Et je suis revenu à la maison. De la planche d'Ouija et du phénomène étrange qu'il expose, la psychologie offre une explication dans la forme du soi-disant effet ideomotor . Selon cet effet, le joueur se dupe en produisant des mouvements musclés évanouis. Quelques investigateurs expliquent que la plupart des occurrences paranormales annoncées peuvent être expliquées par cet effet lui-même.

CHAPITRE 6

MON DÉFI DE SATAN

Rien de mémorable n'est arrivé en mon onze an d'âge. Néanmoins, à cause de quelque chose de honteux j'ai fait, maintenant mon frère Gabriel a une cicatrice sur son bras droit. Ce qui est arrivé est que pendant un de nos pugilats quotidiens, j'ai poussé mon frère contre une fenêtre et le verre a cassé et a coupé son coude droit. Mon frère devait finir par plusieurs points à un hôpital aider près la blessure. Cela très même année, mon frère a pris la vengeance sur moi. Un jour il m'a renversé avec sa bicyclette et je suis tombé, en frappant le plancher d'abord avec mon coude gauche. Cela a fait ma peau éclater ouvert pour l'environ deux pouces de long. La blessure était si profonde qu'il était possible de voir l'os. De nos jours, mon frère a une cicatrice sur son coude droit, pendant que j'ai une cicatrice sur le coude de mon bras gauche. Quand j'ai atteint douze ans d'âge, quelque chose dont je me souviens très bien est que je me suis senti complètement invincible. C'est parce que j'ai continué à croire que j'étais plus intelligent, plus fort et plus vite qu'autre enfant mon âge. Ma vie était pleine des contradictions à cet âge de douze. Mes cheveux étaient toujours droits et cela m'a tracassé. Ainsi, j'avais l'habitude d'aller au salon de forme recevoir une permanente pour que j'aie des cheveux ondulés.

En arrière alors, j'avais un ami appelé Luis et il avait des cheveux naturellement frisés, cependant, il n'était pas heureux de cela. Donc, en même temps je recevais mes cheveux permed , mon ami Luis visitait le salon de beauté pour faire redresser ses cheveux. Acclamations à être jeune ! Tout a semblé à l'envers. Tant de contradiction existe dans la nature humaine lui-même. Soyez cela comme il peut, <<l'incoherencies>> de ma vie ne s'est pas arrêté là. Même si j'avais déjà rencontré beaucoup d'expériences spirituelles, j'étais sceptique toujours de l'existence de Dieu. Et, évidemment, que je n'ai cru dans l'existence de Satan, non plus. D'une façon j'étais plus mauvais que l'Apôtre Thomas dans le compte biblique. Retournons un peu et essayons de nous souvenir que l'histoire a répété dans le chapitre de John vingt, avec les lignes 24 à 28. Ici, plusieurs disciples qui avaient vu que Jésus était monté, témoignaient partout. Une de ces personnes de qui ils ont témoigné était l'Apôtre Thomas. Malgré tout, Thomas s'est disputé avec eux en demandant la preuve. Quand ils ne pouvaient <<pas>> fournir plus d'évidence que leur propre témoignage, Thomas n'a pas cru dans la résurrection de Christ et a dit:

— C'est difficile à croire. Je devrai voir les trous d'ongle dans ses mains, mettre mon doigt où les ongles étaient … Seulement alors je le croirai.

L'Apôtre Thomas est venu pour croire dans la résurrection de Christ seulement quand, après une semaine, quand Jésus lui-même lui a apparu en personne. Seulement après cela le disciple est devenu un vrai croyant. Bien que, j'ose dire que j'étais plus mauvais que le disciple Thomas de ce temps parce que je voyais beaucoup de choses surnaturelles, mais pas voyais même que ces choses pourraient faire un croyant de moi. Et dans l'absurdité de mon ignorance et sans avoir tout respect pour le royaume spirituel, j'ai fait quelque chose d'extrêmement fou qui a apporté beaucoup de problèmes et douleur physique incroyable dans ma vie depuis plusieurs années ensuite. C'est ce qui est arrivé ... Une bonne journée je lisais la Bible quand je me suis rendu compte que le Satan était celui qui provoquait tant d'agitation et dévastation sur la Terre. Car la Sainte Écriture sacrée dit que le voleur (le Satan) est venu au vol, pour tuer et détruire. Jesus Christ est celui qui dit toutes ces choses dans la représentation de Lucifer. Cela peut être lu dans le chapitre de John dix, avec le vers dix. De la même façon, nous sommes prévenus dans la citation suivante:

1 Peter 5:8. Contrôlez-vous et faites attention ! LE DÉMON EST VOTRE ENNEMI et il se promène comme un lion braillant en cherchant quelqu'un pour attaquer et manger.

Quand j'ai lu de telles choses, il a rendu très furieux de savoir que le Satan était l'être malfaisant qui a poursuivi, a harcelé et a détruit l'humanité dans les morceaux. À cause de cela, une idée <<impressionnante>> s'est produite avec moi ... Je défierais Lucifer à une lutte. Enfin, est-ce que je n'étais pas invincible? D'autre part, en réalité, je n'ai pas cru dans l'existence du prince d'Obscurité. Pourtant, dans la possibilité lointaine que c'étant en fait existé, évidemment, profondément à l'intérieur de moi, je croyais que le Satan ne répondrait jamais à mes provocations d'enfant à une lutte.

En tout cas, j'ai commencé à invoquer le Démon pour le défier. C'était quelque chose que j'ai aimé faire, depuis qu'il m'a fait avoir l'impression d'être un tout-grand homme viril mexicain. Je peux imaginer seulement que l'augmentation de la testostérone d'hormone dans mon corps en ce certain temps dans ma vie, aussi bien que mes luttes constantes avec d'autres jeunes gens mon âge, m'a incité à faire quelque chose de fou. J'avais l'impression d'être un surhumain, donc j'ai décidé que si le Satan était celui pour blâmer pour les malchances qui afflige l'humanité jour après jour, j'avais la responsabilité de lui enseigner une leçon. Et suite à ce train de pensées, j'ai décidé de convoquer Lucifer.

Donc, c'est ce que j'ai fait. Chaque jour et quand l'horloge a montré à douze heures le minuit, j'étais dans le milieu de ma pièce et ai déclaré que la chose suivante fait des tours de passe-passe:

KID
VS
SATAN

SAVE YOUR SOUL FROM HELL!

— Le Satan, je vous défie à une lutte à cause du dommage que vous provoquez aux humains!

— Vous êtes un voleur et un trompeur!

— Vous êtes un poltrone parce que vous ne montrez pas

vous-même!

— Venez et faites-moi face!

— Allons, je vous frapperai et vous partirez vaincu!

J'ai répété ce défi au démon chaque jour au minuit et j'ai fait ainsi depuis environ trois ans consécutifs. À cet âge, j'avais rejoint une gym et je prenais aussi des classes de karaté parce que, selon moi, j'ai cru devait se préparer à ma grande lutte contre Lucifer. Bien, il est clair que tout homme qui défie le prince d'Obscurité à une lutte s'entraînerait aussi dans les arts martiaux. Ou irait il non ? Ou a y avait-il autre voie?

Enfin, c'était mon mode de pensée à douze ans, anyways.

PSYCHOLOGIE D'ENFANT 10-12

Des âges de dix à douze ans, le petit garçon est dans l'âge de pré-adolescence. Ici, le mineur a tendance à être plus indépendant de ses parents, donc il a besoin de moins d'affection et de soutien d'eux … au moins c'est ce que le gosse croit. Dans l'effort de l'enfant de devenir plus indépendant, le rapport entre les parents et leur progéniture peut changer.

Dans ses actions réciproques sociales avec d'autres jeunes gens, le petit peut devenir compétitif et peut essayer de s'avérer qui le meilleur parmi eux est. Cela pourrait être la raison pourquoi le gars, à cet âge, aime être plus impliqué dans les sports et rivaliser à la victoire. À partir des douze ans d'âge et en avant, le temps entre que la personne grandissante essaie de voir quelles ses limites physiques sont. C'est pourquoi l'individu s'évalue continuellement. Beaucoup de psychologues expliquent que ce comportement est en raison des changements hormonaux que la personne connaît pendant ces années de maturation. C'est le temps où les hormones commencent à travailler, en changeant l'enfant et commencent à le transformer en adolescent.

La susdite description explique d'une façon très exacte mon comportement à cette phase de ma vie.

LE NAVIRE MYSTÉRIEUX

Mes douze ans d'âge ont passé sans beaucoup plus de nouveauté, mais quand j'ai atteint l'âge de treize, j'ai vu quelque chose qui m'a choqué vraiment. C'est arrivé que depuis un week-end les jours de l'automne chaud, un ami et moi avons visité ma grand-mère dont le nom était Trinité. Elle avait l'habitude de vivre dans une ville appelée l'Œil d'Eau, dans l'État du Mexique. Ayant déjà passé le week-end avec ma grand-mère, nous étions déjà sur notre voie à la maison à Mexico. C'était un dimanche soir vers huit p. m. À cette heure, c'était déjà la nuit et c'était sombre dehors. Sur notre voie dans la voiture et juste deux ou trois minutes avant d'arriver à Mexico, j'ai vu un navire dans le ciel. Mais je ne parle pas d'un avion simple et commun. Ce vaisseau avait des dimensions ginormous . Il a ressemblé à une ville entière dans le ciel. Le dirigeable était si gigantesque qu'il devait faire en moyenne d'au moins 500 miles dans la circonférence. La forme du navire a ressemblé à un disque de Frisbee. C'était circulaire et s'est éventé un peu. D'innombrables petites lumières de couleur - rouge, jaune, vert et bleu - entourent la circonférence du grand disque le long de son bord. Ses lumières sont allumées et éteintes en séquence tout comme les lumières d'un sapin de Noël.

Cet objet volant formidable était statique et il ne volait pas directement au-dessus de la capitale, mais il a été posté à côté de cela, par le bord de la ville. Le navire a été localisé près de l'entrée à la Ville du Mexique, le long d'une route d'autoroute appelée Vers Pachuca (cette région est connue plus communément avec le nom des Indiens Verts à cause de quelques statues localisées là). Le grand disque ne volait directement au-dessus de l'autoroute, non plus. Au lieu de cela il se gardait à gauche, de la vue de la circulation principale sur la route. Quand j'ai vu cet objet, il m'a étonné beaucoup. J'ai senti des frissons renversant immédiatement de ma tête à mes orteils. La vérité est, j'ai imaginé immédiatement le scénario de pire cas — une invasion étrangère extraterrestre —. Dans mon esprit, je croyais qu'alors que je l'ai fait à la maison, je trouverais beaucoup de gens morts. J'ai imaginé en train de voir de très petits Martiens porter des combinaisons spatiales en argent serrées et tirer leurs fusils à laser implacables du gauche au droit. Tout de suite, j'ai envisagé la race humaine été <<asservi>> par une course extraterrestre supérieure. Pour toutes les intentions et les buts, je me suis attendu vraiment à la pire misère possible. À ce moment, je pensais à moi-même: — A les gens ont continué à dire que les soucoupes volantes n'existent pas?

— Maintenant ils nous ont attaqués et nous n'étions pas prêts!

Le fait d'estimer que le dirigeable n'a fait aucun son ou tout mouvement du tout, mon ami Isidro, qui était avec moi en ce moment-là, n'avait pas le remarquent. En plus l'appareil volant n'était pas directement devant nous, ni était cela dans notre ligne de visée. Si je prends, par exemple, la main d'heure d'une horloge et si le de douze heures est au devant, donc le de neuf heures serait quatre-vingt-dix degrés à gauche. C'est où le navire a été localisé, à neuf heures. À cause de mon sentiment de surprise de la vue de cette soucoupe volante, je ne pouvais pas parler. Cependant, j'ai décidé de permettre à mon ami d'en être au courant. Dorénavant, j'ai frappé son côté gauche deux fois avec mon coude droit pour attirer son attention tout de suite. Quand mon ami a tourné sa tête, j'ai montré avec mon index au ciel et à l'énorme vaisseau. Mon ami Isidro, pendant que remarquant vite l'objet immense suspendu dans l'air, est devenu muet de la stupéfaction aussi. Mais il a fait une exclamation courte d'<<Ah!>> , de l'effroi et avec la bonne raison. Après l'arrivée à la maison, nous nous sommes dépêchés au haut d'un bâtiment de voir si nous pourrions trouver le disque volant magnifique de nouveau. Néanmoins, nos efforts étaient vains. L'objet n'était pas visible à la vue de notre endroit, ou il avait disparu simplement et n'était là plus. Cette nuit nous avons fait beaucoup d'attention aux nouvelles à la télé pour voir s'il y avait un rapport sur l'énorme soucoupe.

Néanmoins, il n'y avait aucune mention de cela dans aucune presse d'information. Mais depuis lors quelque chose est arrivé dans moi … Puisque depuis que j'ai vu que le vaisseau colossal dans l'air, je suis devenu beaucoup plus intéressé à la science et à la technologie que dans la découverte si Dieu a existé vraiment. J'ai commencé à placer plus d'importance sur la théorie de l'évolution de Darwin et à l'existence possible d'être intelligent dans d'autres mondes. Et quand avant que cet événement est arrivé dans ma vie, je ne me suis pas soucié vraiment beaucoup de l'école, après cet événement j'ai pris le grand intérêt de lire des livres et dans l'apprentissage et dans l'étude. Ma faim de la connaissance et de la sagesse continue d'aller à ce jour. À peu près il y a six cents ans, le <<vain>>. l'être humain croyait que la Terre était le centre du Cosmos (avec la Théorie Géocentrique appelée) r De la même façon, à peu près il y a cinq cents ans, les hommes croyaient que la Terre était flatf Et il qui a osé penser différemment et n'a pas fait a changé son opinion a été brûlée vivante par le régime politique et religieux de ce temps. Le thème actuel à nos jours est la conviction que nous sommes complètement <<seuls>> comme une création unique de Dieu dans des millions indénombrables de planètes qui existent dans l'espace extra-atmosphérique. C'est pourquoi, je continue à me demander:

— Pourquoi font nous les humains s'efforcent si dur de toujours rassembler des idées si étroites? Pour cette raison, j'ose dire qu'il semble que l'homme <<modern>> ne soit pas mieux de toute façon que nos prochains à partir du passé. Peu importe que nous soyons dans le droit le 21ème siècle (XXI), les êtres humains s'usent toujours — la même vieille cape d'arrogance — qu'ils ont porté des centaines d'il y a quelques années. En le faisant, à mon opinion, l'homme lui-même a entravé la croissance et la maturité de la race humaine <<entire>>. En général, l'être humain d'aujourd'hui continue à se moquer des idées qui l'invitent à penser loin au-delà de sa zone de confort. En réalité, rien n'a changé. Les mêmes machines de punition et d'oppression qui était des centaines utilisées d'il y a quelques années sont actives toujours dans notre actuel. On juge celui qui ose dire publiquement qu'il croit qu'il y a l'être intelligent dans d'autres mondes comme un dément. Et le système social de châtiment entre en possession de l'action encore une fois. L'individu qui font la revendication d'avoir la vue d'un objet volant non identifié ou, en allant même à part cela et prétendre avoir eu une rencontre proche avec un extraterrestre étant, n'est pas brûlé vivant—mais c'est presque ce qui arrive—. L'individu malheureux peut être renvoyé de son travail. Il peut être mis à la porte de l'école. Il peut perdre l'acceptation de l'église à laquelle il assiste et très souvent, il peut aller autant que même la perte de ses amis. Le zèle pour suivre les normes mises en place par la société et la culture grandit à tel point que la personne malheureuse, même dans sa propre maison et parmi sa propre famille, peut être vue comme un étranger. En dépit de tout cela, ce livre ne s'occupera du sujet d'objets volant non identifiés, non plus. Bien que, il soit intéressant de noter qu'il y a des caractères bibliques importants qui ont décrit des choses bizarres voyantes volant par les cieux et ressemblant aux <<navires>> ou aux méthodes pour le transport. Comme un exemple de cela, la Bible signale l'apparence d'un char de feu volant dans l'air, avec la disparition ultérieure du Prophète Elijah. Depuis, à ce moment, le prophète célèbre a semblé avoir été emporté dans le ciel par un objet volant étrange. Son disciple Elisha était témoin de ce fait et c'est comme ça qu'il est dit dans l'histoire biblique trouvée dans le deuxième livre de Rois 2:11.

PSYCHOLOGIE D'ENFANT 13-14

De l'âge de treize, l'enfant entre dans le stade de devenir un adolescent. Pendant cette période, le jeune homme commence à questionner l'autorité, les convictions populaires et les valeurs de la société autour de lui. Et c'était vraiment ma condition et situation à cet âge. Ma philosophie et mantra pendant cette période de vie étaient:— Ne croyez dans rien, il est mieux de mettre en doute tout.

CHAPITRE 7

JEUNE UN MIRACLE ARRIVE

J'avais quatorze ans d'âge quand ma famille a reçu les mauvaises nouvelles qu'une tante mienne, dont le nom est Rose, était très malade. En ce moment-là, elle a vécu aux États-Unis, dans l'état de l'Illinois. Malheureusement, les docteurs n'avaient aucune cure à ses afflictions et certains docteurs lui donnaient seul un peu plus de mois pour vivre. En arrière alors, un couple chrétien a parlé à ma tante Rose de Jesus Christ qui a pardonné des péchés et qui a <<guéri>> miraculeusement le malade. Ensuite, le couple chrétien a invité ma tante Rose à assister à leur église. Quand elle est arrivée à leur église, elle a dit aux pasteurs qu'elle était très malade et les pasteurs l'ont invitée à accepter Jésus comme son propre Sauveur personnel. Heureusement, ma tante acceptée. Après cela, les pasteurs ont commencé à prier pour sa guérison et la surprise a consisté en ce que ma tante Rose y a été guérie miraculeusement très immédiat. Comme les jours ont passé, elle a retrouvé sa force et ses pleurs et deuil se sont transformés en bonheur. Pratiquement, en étant envoyé pour la joie, elle a commencé bientôt à évangéliser la famille entière et cette même année ma tante a visité le Mexique.

Quand elle a visité ma maison à Mexico, ma tante nous a dit du miracle de sa guérison exécutée par Jesus Christ et elle nous a faits visiter une église chrétienne. Elle a vibré de l'excitation et elle a réussi à étendre à ma famille sa nouvelle foi en Jésus. Mes parents, siblings et cet auteur ont accepté Christ comme notre Sauveur dans notre première visite à l'église. En arrière alors, à mon opinion, j'étais devenu un chrétien. Cependant, pour moi, c'était comme le dernier engouement venant des États-Unis. Ma conversion n'avait pas été réelle, pendant que j'ai continué à être aussi impoli et aussi insolent comme toujours. La guérison miraculeuse de ma tante Rose avait servi seulement pour me provoquer certains simplement la curiosité.

PSYCHOLOGIE DE JEUNES 14-15

À cet âge j'ai essayé d'éviter le contact avec mes parents autant que je pourrais. Pour le faire, j'ai passé autant de temps loin de la maison que possible. Fondamentalement, je suis allé à la maison seulement pour manger et dormir. J'étais très impulsif et je suis devenu très intéressé au jeu des sports. Quand j'ai joué des sports, je pourrais prendre des décisions rapides, ensuite en arrière ces décisions avec les actions et avec la violence. Le matin, j'ai visité la gym. L'après-midi, j'ai assisté à l'école et après l'école j'ai joué le football de football dans les rues la nuit.

LA RÉPONSE DU SATAN

À ce moment-là j'avais quinze ans. Cela avaient déjà été trois ans depuis que j'avais commencé à défier le démon et je lui demandais toujours à lutter contre chaque nuit simple. Néanmoins, un jour l'inattendu est arrivé parce que le Satan a répondu à mon défi. Lamentablement, Lucifer lui-même n'a pas répondu. Pour la raison qu'il a semblé qu'il a été retenu dans autre effort (seulement Dieu peut être partout en même temps car Il est omniprésent, pendant que le Démon n'a pas une telle capacité). Donc, comme le Satan était occupé d'une autre entreprise, il a envoyé à une de ses créatures des enfers pour répondre à mes invocations à une lutte. Cependant, apparemment, le seul démon qui était disponible à la main du prince d'Obscurité à ce moment était un être extrêmement laid, déformé et très petit. La considération que la petite créature qui m'a attaqué était un pur deux pieds de haut. Cette expérience stupéfiante est arrivée un jour où j'étais au gymnase prenant des classes de karaté. En ce moment-là, j'assistais à un club de santé qui était plusieurs histoires haut. Ce centre sportif était un énorme bâtiment qui a fourni toutes les sortes d'éducation athlétique professionnelle. Après le karaté s'exerçant, ma routine devait aller au quatrième plancher, où il y avait une cour de basket-ball avec une fin dure, de bois.

Là, j'avais l'habitude de passer environ une heure en lançant la boule par le cerceau de basket-ball. C'était de 11:30 a. m. Et j'étais seul. On me divertissait toujours, en pratiquant cette activité, quand subitement j'ai remarqué quelque chose de particulier. J'étais capable de découvrir une fumée dense qui a semblé se former en venant du mur devant moi. La couleur du mur avait d'un beige clair et la fumée qui se formait avait d'une couleur gris très foncé, en se balançant presque au nègre. Donc, l'apparition bizarre avait assez de contraste avec le fond. Une odeur désagréable légère de plastique brûlant a rempli l'atmosphère de l'endroit. Un moment, j'ai estimé que le club de santé avait compris le feu. Cependant, rien n'avait du sens parce que je ne pouvais pas voir de feu ou flamme sur le mur et la sécurité de feu d'alarme ne faisait pas de son. En outre, le bâtiment dans lequel j'étais a été fait des murs concrets très épais. Quand la fumée a fini finalement d'entrer, elle a commencé à comprimer et former un brouillard dense qui a survolé la terre. Peu après, la brume sombre et lourde a commencé à naviguer … lentement et lourdement … vers moi … (?). J'y ai fait encore plus d'attention et, effectivement, j'ai vu la fumée avancer où j'étais la réputation. Cela a semblé que le brouillard était au courant de ma présence. Intrigué, je l'ai regardé, en ne sachant pas qu'en faire.

Comme il a tiré plus près et plus près à moi, j'ai commencé à me rendre compte que quelque chose bougeait dans l'intérieur du silencieux et a obscurci le nuage gris. Dans la fumée, je croyais que je pourrais distinguer une silhouette. Ou, plutôt la fumée devenait-elle une figurine humanoid? Je ne l'ai pas aimé du tout, mais je ne savais pas comment l'interpréter non plus. Tout était si étrange. Qu'est-ce que c'était? Et grand était ma surprise quand je l'ai réalisé finalement … C'était un démon! J'ai vu une créature macabre circuler et bouger à l'intérieur du brouillard dense et sombre! Être complètement réalisé devant mes yeux quand il était à peu près trois pieds d'où j'étais la réputation. Cette créature avait une énorme tête qui était disproportionnée dans la grandeur par rapport à son maigre, nu et s'est émaciée le corps. Sa tête d'ovate était complètement chauve et c'était dix fois plus grand que son corps. La créature avait montré des oreilles, comme les oreilles d'un vampire. Ses yeux avaient d'une couleur noire impénétrable et ils étaient grands et ronds. En manquant des cils et des paupières, ses yeux ont semblé en permanence ouverts — et comme les yeux morts d'un requin, ses yeux n'ont pas semblé émettre des sentiments ou autre signe de vie —. Son nez n'était pas proéminent. C'était assez plat et le niveau avec sa surface du visage, localisée un peu au-dessus de la partie du milieu supérieure de sa lèvre (la lèvre-philtrum). Son nez s'est composé de seulement deux petits trous circulaires.

Sa bouche était complètement anormale, pour les banques de la bouche (les commissures orales) atteint littéralement de l'oreille à l'oreille. Et, de cette manière, sa bouche a supposé un impossible l'encore très grand sourire qui a exposé un geste en permanence <<sarcastique>>. La créature avait des bras longs, minces qui se sont étendus devant sa taille et genoux, en arrivant autant que ses pieds. Les deux de ses jambes et pieds ont ressemblé aux jambes et aux pieds d'une grenouille. Ce qui m'a surpris le plus de cet être étaient ses mains et plus surtout ses doigts, parce que ses doigts avaient quelques ongles très particuliers. Chacun de ses ongles était dix pouces de long et ils tous ont semblé dangereusement montrés et pointus comme les lames de rasoir. Au lieu de la peau, l'entité a semblé avoir la balance comme ceux d'un poisson ou un serpent. Et son corps entier était la même couleur que la fumée dont il était venu de, un gris très foncé. Quand le démon est venu plus près chez moi, j'ai été stupéfié et lent pour réagir, depuis que je ne pouvais pas devenir enceinte toujours de ce que j'avais devant moi. Néanmoins, après que deux ou trois secondes ont passé, j'étais capable de réagir et la première chose que j'ai faite était de lancer vers lui le basket-ball que j'ai tenu dans mes mains. Cependant, la boule de basket-ball a passé simplement par le démon, en traversant la moitié supérieure de son corps. Mon mouvement d'attaque soudain n'avait pas travaillé. L'être n'a même pas cligné de l'œil, il n'a même non plus bougé au côté.

C'était comme si je n'avais fait absolument rien. La créature a continué lentement à avancer vers moi … Mais subitement, comme si en changeant d'avis, le méchant esprit a fait brièvement une pause et s'est arrêté ensuite. Ensuite, le démon a commencé à voler lentement et sans toute ruée autour de mon corps, au sommet de mes yeux. C'était comme s'il m'inspectait ou m'étudiait dans une manière très prudente. Il m'a semblé comme si, à ce moment précis, le démon analysait la question suivante dans son énorme tête d'oviform: — Qui est ce gars qui chaque jour ose défier mon Satan de maître? Et après avoir fait plusieurs tours autour de moi — et apparent pour avoir satisfait sa curiosité — l'entité s'est arrêtée dans le milieu de l'air et a continué à me mettre devant comme dans une position de combat. Le petit démon a levé ses bras grands et maigres, qui s'étaient reposés à son côté et m'ont montré ses paumes. Il a serré ses poings et avec un geste pour lutter, il m'a défié. Son sourire, incroyable long et la moquerie, n'a jamais quitté son visage, pas même depuis une seconde — et comme si c'était possible, il m'a semblé qu'il s'est allongé encore un peu plus loin —. Je ne savais pas que penser. Perplexe, je ne pouvais pas deviner correctement comment répondre ou reconnaître la situation. À ce moment précis, j'étais muet et paralysé. Le jour de la grande lutte contre le Satan était venu et je, dans ma stupéfaction, ne pouvais pas le croire.

Même si le prince d'Obscurité n'était pas arrivé, j'avais certainement maintenant avant moi un de ses émissaires des enfers. Néanmoins, par la force pure d'habitude, je ne pouvais pas le croire, pas même pendant que je le voyais avec mes très propres yeux. Le petit démon a commencé à avancer vers moi, presque sans toute vitesse, comme s'il était le propriétaire et le maître de temps. D'instinct, j'ai soulevé et ai étendu les deux de mes bras devant moi, comme si l'empêcher de me devenir plus proche. Avec les deux bras outstretched et avec les paumes de mes mains, j'ai fait des signes pour lui pour <<m'arrêter>>. Bien que, en faisant qui était inutile. Après m'avoir attaqué, l'entité a passé par moi comme si je n'étais rien. L'esprit malveillant est entré dans ma poitrine, en me traversant et en partant par mon dos. Quand j'ai tourné mon visage dans l'autre sens pour suivre ses pistes, je l'ai vu continuer à voler avec le même calme et le poids avec lequel il était arrivé. Alors il a fini par disparaître par le même mur dont il était venu de. Je n'étais pas sûr ce qui venait d'arriver. Bien que, j'aie décidé que je ne devrais pas y faire trop d'attention. Pour cette raison, j'ai décidé d'oublier tout directement là. Enfin, la faim féroce que je sentais après avoir fait de l'exercice jouait des trucs sur moi. Cela avait été seulement et l'illusion. Droit ? Je devais le croire c'est pourquoi pour préserver ma paix intérieure et éviter de souffrir d'une attaque d'inquiétude.

95

De toute façon, la douleur que je sentais à ce moment dans les intestins de ma région abdominale était si majeure que je croyais que j'allais tomber sans connaissance. J'ai commencé à marcher dans une position voûtée, en cherchant la sortie du bâtiment. En même temps, j'utilisais mes avant-bras et mes mains pour faire pression sur mon estomac, car j'ai estimé que j'avais être poignardé littéralement. Et aussi je pourrais, j'ai commencé un voyage gauche, tremblant et affligé à la maison. Quand je l'ai fait finalement en arrière, je me suis lancé sur mon lit. En mentant là dans une position fœtale pelotonnée, j'ai essayé de diminuer la douleur terrible dans mon abdomen. Les déchirures venaient de mes yeux. Ma souffrance était si brutale que j'ai voulu vraiment mourir, plutôt que vivre. J'ai dormi le reste du jour et tout au long de la nuit. La douleur était si atroce que je croyais que je ne vivrais pas pour voir la lumière d'un nouveau soleil montant. Mais le matin est venu et j'étais vivant toujours. Bien qu'après que cette ma vie ait changé complètement. Car je ne suis jamais arrivé pour être le gars athlétique que j'étais auparavant parce que maintenant j'ai marché légèrement s'est voûté. Si je mentais dans le lit, pour me lever je devais le faire petit à petit ou la douleur a apparu de nouveau. Même pour aller à la salle de bains faire pipi, je devais prendre place sur les toilettes, car si je ne l'ai pas fait, la douleur dans mes intestins est devenue insupportable.

Je ne pourrais soulever rien de lourd avec mes bras et mains plus, car si j'ai même exercé un effort minimal, la douleur est devenue présente de nouveau. Quelquefois, en marchant, j'avais une grande douleur lancinante dans mon estomac. La douleur était si aiguë qu'où que je sois, je devais me lancer immédiatement sur le plancher. Une fois au plancher, je me mettrais dans la position fœtale pour atténuer la gêne et je resterais mentir là depuis plusieurs minutes jusqu'à ce que le tourment ait passé. J'ai été quitté estropié. Néanmoins, le temps a passé je me suis habitué à ma nouvelle vie de souffrance. Comme un fait curieux, l'Apôtre Paul parle d'une <<épine>> a enfoncé son corps, qui, comme un instrument de Satan, a été utilisé pour maltraiter et provoquer la souffrance dans sa vie. Cela peut être trouvé dans la deuxième lettre aux Corinthiens, le chapitre douze. Apparemment, cela a été permis par Dieu pour que le Frère Paul n'ait pas de plus haut concept de lui-même. Dans d'autres mondes, pour le garder humble, étant ce Dieu l'a utilisé pour faire de grands miracles. Quelquefois je crois que je comprends ce que Saint Paul a écrit, car mes douleurs ont apparu tout à coup, comme un dard réel. C'était comme si subitement quelque chose tirait mon nombril de l'intérieur de moi. Cependant, loin d'être humble et chercher Dieu, je n'ai jamais admis mon besoin ou mon mauvais état de quelqu'un qui avait besoin de l'aide …

une âme perdue misérable. Et probablement, à cause de la même opposition existante dans la nature humaine égocentrique, j'ai fini de me révolter moi-même, donc j'ai fait exactement l'opposé. Je me suis caché derrière la vanité et mon esprit a formé une barrière protectrice, arrogante et vaine autour de moi. Dieu sait trop bien que les êtres humains ne sont pas physiquement disposés à mener la guerre contre le démon. Si un individu veut lutter contre le Satan, l'individu peut, mais non seul. Étant donné que c'est avec l'aide de Dieu lui-même et c'est à l'aide de son <<Esprit Saint>>. Et vous serez heureux de savoir que Dieu est plus que disposé à vous aider à lutter. Mais, pour lutter contre Lucifer et ses anges tombant, une personne doit être couverte d'abord avec l'Esprit Saint. C'est pourquoi il est écrit comme suit:

Zechariah 4:6. Il a dit, "C'est le message du Seigneur à Zerubbabel : 'Votre aide ne viendra pas de votre propre force et pouvoir. Non, votre AIDE VIENDRA DE MON ESPRIT. 'C'est ce que le seigneur All-Powerful dit.

PSYCHOLOGIE DE JEUNES 15-16

Egocentrism ou narcissisme peuvent affecter ce stade de l'adolescence. Les deux mots signifient une exaltation exagérée de la personnalité. Et bien qu'egocentrism et narcissisme soient des concepts semblables, à la fin ils chacun suppose un différent sens. Des besoins égocentriques l'acceptation et l'admiration de ceux autour de lui, pendant qu'un narcisse ne demande l'approbation de personne. On dit aussi qu'egocentrism est un peu plus innocent que le narcissisme, car un égocentrique ne sait pas comment comprendre ceux autour de lui, pendant qu'un narcissique ne se soucie pas simplement. Un adolescent égocentrique ou narcissique s'occupe peut-être excessivement sur comment il regarde devant un miroir. Il peut même venir pour croire qu'il est supérieur à d'autres. Les jeunes peuvent réussir à croire que ses idées, intérêts et besoins sont mieux et plus importants que ceux de sa famille, amis ou camarades de classe. Donc, ses priorités ont tout le monde d'avance l'else's . À cet âge, j'étais un narcisse. J'ai cru que j'étais plus capable et plus important que d'autres gens, sans exiger le consentement de quelqu'un. C'était exactement ma voie nécessiteuse de conduite et voie de pensée à cet âge. Mon mantra et philosophie à ce stade de vie étaient : chaque seconde de ma vie, je meurs un peu. Puisque j'ai commencé à réexaminer ma propre mortalité et j'ai arrêté de croire que j'étais invulnérable.

POURQUOI PAS À

CROIRE DANS DIEU?

Il n'a pas pris ont une grande envie de moi atteindre seize ans d'âge. Cependant, même si j'avais déjà connu des types différents de souffrance, mon cœur durci encore une fois. Loin d'accepter l'idée qu'il y avait Dieu dans les cieux, j'ai rejeté son existence possible. Donc je me suis dit la chose suivante: — Le truc étrange que j'ai a vu et a jamais vécu ne s'est produit parce que c'est impossible simplement. Cela me rappelle ce que l'on dit qu'il est arrivé au Pharaon de l'Egypte quelque chose il y a plus de 4000 ans. Puisqu'il, même après avoir vu les miracles et les merveilles de Dieu, a durci son cœur et a souffert avec tous ses gens en refusant de croire. Ses propres magiciens et diviners l'ont informé: — C'est la main et le travail de Dieu. Mais le Pharaon ne céderait pas. L'histoire de Pharaon peut être lue dans la Bible dans le livre d'Exode, les chapitres de cinq à douze. Dans mon cas, au lieu de chercher Dieu, à cet âge je croyais que j'étais Dieu, propriétaire et maître de ma vie. En dépit de tous les problèmes j'avais déjà, je me suis rempli avec la fierté. Je suis devenu un peu plus athée et non croyant de quel j'étais déjà. Alors, je me suis enveloppé et me suis caché dans les théories expliquant pourquoi ne pas croire dans Dieu.

Voyons maintenant, comme un athée ... dans qu'ai-je cru?

Un athée peut croire dans la Nature de Mère, l'évolution et la science comme une explication parfaite de tout qui existe. En n'aimant pas Dieu, je me suis aimé exclusivement. Seulement j'ai existé. J'étais premier, j'étais ensuite et j'étais dernier. Il était trop difficile pour moi de croire qu'il y avait un être suprême qui pourrait faire tout et c'était éternel. En plus s'il était vrai qu'a existé là un être si formidable ... comment était-il possible que les gens bons et innocents aient tellement souffert dans ce monde? I thought that a good and benevolent God would not let so many bad things happen. If God actually existed, then why did he allow pain and suffering? And the answer to those questions was easy, well, what happens is that... God does not exist. D'un point de vue médical et scientifique, la naissance de Jésus de Nazareth à une femme vierge était impossible. De la même façon, ses miracles allégués étaient inaccessibles, donc ils ne pouvaient pas être confirmés. Et comment vérifier la résurrection de Jésus? L'histoire entière de Christ était absurde simplement. Ainsi, la réponse à l'existence au Messie juif était facile trop, eh bien, ce qui arrive est que Jésus ... n'existe pas. C'est une pure histoire de fantaisie, je me suis dit.

Quelquefois j'avais l'habitude de penser à toutes les religions et au problème d'avoir tant de dénominations religieuses. Cela a rendu difficile d'accréditer toute religion ou dénomination comme le vrai porteur du message divin. Ensuite la question est devenue, pourquoi être un catholique et pas un chrétien? Ou, pourquoi ne pas professer le Judaïsme ou le Bouddhisme? Pourquoi ne pas suivre l'Islamisme ou l'Hindouisme? Et la liste de questions a continué sans arrêt. À la fin, la réponse était simple et chaque fois que j'ai atteint la même conclusion. Bien, ce qui arrive est cela simplement ... Dieu n'existe pas. Si Dieu était reel:

— sûrement il ne permettrait pas cette beaucoup de confusion — j'ai analysé.

En étudiant quelques différentes religions, je me suis rendu compte que chacun d'entre eux était incompatible avec les autres. Cette incompatibilité parmi eux est ce qui donne une nature distinctive et singulière à chacun d'entre eux et c'est cette même incompatibilité qui aide à créer de différentes religions. Néanmoins, à cause du susmentionné, pas toutes les religions peuvent être correctes, bien qu'ils <<tous>> puissent se tromper ... ceux étaient mes déductions finales.

Enfin, quelqu'un oserait dire que toute religion mène à Dieu d'une façon ou d'une autre. Cependant, une telle assertion serait tout à fait improbable parce que beaucoup de ces religions ont même différents Dieux. Suite à cette ligne d'interrogation, alors la question suivante pour demander était, qui est Dieu réel? Ou, qui sont vrais Dieux? Devrais-je croire dans un et Dieu unique (le monothéisme) ? Ou, devrais-je croire dans l'existence de Dieux multiples (le polythéisme)?

J'ai aussi commencé à mettre en doute l'origine de la Bible. Qui a écrit la Bible, Dieu ou l'homme? Évidemment, l'homme a fait et partout dans le cours des milliers d'années. Et pour quel but réel a-t-il été écrit? Évidemment, pour ne pas révéler Dieu, mais inculquer la peur et gagner le contrôle sur la population. Et la même idéologie pourrait être appliquée aux livres sacrés de toutes les autres religions.

En pensant déjà à d'autres types de raisonnement pour chercher Dieu, j'ai été quitté avec le.

— la méthode scientifique — qui m'avait été présenté dans l'école de diplômé. Cela enseigne comment sonder la véracité de choses par le biais des expériences répétitives, mesurables et fiables.

Il est nécessaire pour moi d'ajouter que la méthode scientifique n'aidera jamais personne à trouver Dieu, parce que Dieu est l'amour et la méthode donnée est incapable pour étudier ou mesurer l'amour (voir 1 John 4:8). Un jour, la science et la technologie pourraient concorder et partager avec le public, qu'il y a assez d'indices pour déduire que Dieu existe. Mais alors il serait douteux que la science et la technologie puissent aider l'humanité à établir un rapport personnel avec le Père Céleste, pour la raison que c'est simplement pas le plan de Dieu pour le moment. Je le dis parce que, selon la Bible, Dieu a déjà préparé une manière très spécifique aux êtres humains pour rencontrer Dieu. Il ressemble à un de ces secrets qui se cachent dans la vue simple, directement devant chacun, Et moi qui conviendrons volontiers dans un chapitre ultérieur.

CHAPITRE 8
ADULTE
ROCHE & ROULEAU

Ma famille avait bougé au pays des Etats-Unis d'Amérique, pendant que j'étais resté au Mexique. Bien que, peu de temps après lequel je les ai suivis et me suis retiré dans avec mes parents. Maintenant j'avais déjà dix-sept ans et j'étais complètement passionné de la musique. Surtout rock. Ses sons, vidéos, mode, industrie du spectacle et célébrités tous m'ont passionné. J'ai rêvé de devenir un membre d'une bande de rock. Donc, j'ai consacré tout mon temps pour apprendre la musique et le jeu de la guitare. Je prenais des leçons de musique l'après-midi, pendant que la nuit j'ai joué de la guitare dans ma maison jusqu'à l'aube. C'est comme ça que mes jours de 17 à 19 ans d'âge ont passé et avec les pairs je me suis rencontré dans les classes de musique, nous avons formé une bande. Pour la première fois dans ma vie, je croyais que j'étais heureux. La musique m'a aidé à ignorer ma douleur intérieure et a donné un but à ma vie. En plus, avec le projet musical je pourrais oublier le vide que j'ai senti dans ma poitrine et dans ma vie. J'ai été excité et j'ai imaginé vraiment que mon avenir serait consacré au jeu du rock pour toujours.

En arrière alors j'avais rêve de la grandeur, la gloire et la fortune comme beaucoup de jeunes gens fait à cet âge. Mais un de ces jours, les nouvelles tristes que la santé de ma cousine Theresa avait l'altération a atteint les oreilles de ma famille entièrement aux Etats-Unis. Ses saisies augmentaient dans le nombre chaque jour et elle devenait plus agressive chaque fois. On nous a dit qu'un jour Theresa était devenue violente et avait battu les gens qui avaient essayé de la prendre dans une église. Nous avons aussi entendu dire que sa mère Hortensia était désespérée pour l'aider et ma tante était disposée à envoyer à sa fille aux Etats-Unis. À ce moment, le plan d'envoyer à mon cousin aux Etats-Unis est provenu du fait que ma tante Rose s'était mariée avec un pasteur américain appelé Mike. Et Pastor Mike et ma tante Rose avaient élevé une église qui a déjà servi une congrégation d'environ vingt-cinq personnes. L'idée développée par ma tante Hortensia a consisté en ce qu'elle a voulu que Pastor Mike soit responsable de la réalisation un <<exorcisme>> ou — comme l'église chrétienne l'appelle, une libération — pour mon cousin. L'exorcisme de Theresa avait été déjà essayé dans certaines églises au Mexique, mais rien n'a semblé travailler. Sur l'audition des nouvelles que la santé de Theresa avait augmenté, j'ai été attristé parce que je me suis souvenu que nous avions l'habitude de jouer ensemble quand nous étions des gosses.

D'une façon j'étais heureux quand tous les gens impliqués dans le plan de ma tante Hortensia ont accepté d'aider. Par cela, je veux dire que ma mère Mary de Socorro, ma tante Rose et Pastor Mike ont accepté d'apporter à Theresa aux Etats-Unis. Ils ont agi vite et dans l'affaire de deux ou trois semaines ma mère a voyagé au Mexique pour recueillir Theresa pour alors la prendre à la maison de ma tante Rose et Pastor Mike. Pour ce moment là ma tante Rose avait déplacé plusieurs années auparavant à une ville appelée le Ranch Cucamonga, à Californie. Ma tante Rose vit dans cette ville à ce jour et c'est où ma cousine Theresa est arrivée. Après qu'elle a passé par deux ou trois mois d'être — ennuyé à mort — avec l'assistance et la prière, Theresa a dit qu'elle se sentait mieux et qu'elle a voulu revenir au Mexique aussitôt que possible. Elle a dit au revoir à Pastor Mike et à la Tante Rose, est allée ensuite vivre avec ma famille depuis quelques jours avant son voyage en arrière au Mexique. Néanmoins, l'espoir que tout le monde avait — que Pastor Mike avait aidé Theresa à récupérer sa santé — s'émiette simplement à la terre, puisque Theresa a commencé à perdre connaissance dans ma maison. Comme un bon athée, j'ai été beaucoup déçu dans Pastor Mike. Donc, je pensais à moi-même:

— Pastor Mike, où est votre Dieu?

— C'est clair, évidemment que Dieu ne fait pas existe!

J'ai continué à le répéter sans arrêt et je me suis moqué interieurement de l'idée. Mais maintenant je sais que c'était tout un plan établi par la divinité lui-même. C'est parce que le droit quand a semblé là n'être aucun espoir, tout a commencé à travailler pour le bien. Et c'est ce qui est arrivé … Ma cousine Theresa est venue pour vivre avec ma famille, qui a été localisée en ce moment-là dans la ville de Santa Ana, à Californie. À l'époque, Theresa a aimé faire de l'exercice, puisqu'elle était toujours une personne très active. Un jour, avec l'idée de jouer des sports, elle est allée au parc qui était juste à travers de la rue d'où nous avons vécu. Là dans cet endroit, elle a rencontré un gars appelé Xavier. Cet homme a semblé extrêmement étrange. Il avait une coiffure de type militaire, avec l'appartement supérieur et les côtés hachés très court. Il a porté des lunettes de soleil, un pantalon de chargement et des bottes de combat. Sur son cou il a porté une chaîne de boule d'acier inoxydable bon marché à laquelle a accroché une balle couleur cuivre perforée. Il a porté une veste de cuir noire qui est arrivée à ses genoux. Un vieux livre avec une couverture de couleur de vin, pâle et portée par l'utilisation et le temps, s'est reposé sous un de ses bras, en terminant sa tenue. Sa langue et son accent étaient également inhabituels à moi.

Car il est un indigène de la ville d'Usulutan, du pays du Salvador et la langue espagnole change un peu, comme ce n'est pas le même comme les Espagnols mexicains. Beaucoup de changement de mots, un mot mexicain peut avoir un différent sens dans le pays du Salvador et vice versa. Néanmoins, Xavier, tombant amoureux à la première vue de Theresa, a commencé à la visiter dans ma maison. Xavier pas a ressemblé seulement \"du\" caractère ordinaire, avec lequel il avait une histoire qui était encore plus étrange, ou plutôt je dirais <<exotique>>. Il a décrit ayant eu une enfance très triste et extrêmement pauvre. Et cela il avait fait partie de l'armée dans son pays et avait pris part au conflit contre la guérilla il y a quelques années. Donc il a dit, il avait été un homme militaire. Après que la guerre a fini, il a décidé un jour de quitter son pays natal et bouger aux Etats-Unis. Alors il l'a raconté après avoir atteint les Etats-Unis, il a visité une église, où il a accepté Jésus comme son Seigneur et Sauveur. Mais bientôt après, désillusionné avec l'hypocrisie de certains membres très non spirituels, il a décidé de mettre l'affaire d'église de côté et est allé travailler dans les entreprises illicites différentes. Il a dit que par ces entreprises il avait accompli le succès et qu'il a manipulé des milliers de la valeur de dollars d'argent. Cependant, son meilleur ami était devenu envieux de son succès et l'avait trahi.

Xavier nous a exposé en détail que juste quelques mois auparavant, le soi-disant meilleur ami avait tiré sur lui deux fois avec un pistolet de vingt-deux calibres à la gamme de blanc de point, pour prendre son argent et sa position dans les affaires. Xavier nous a montré les deux blessures par balle récentes sur sa poitrine, un près du cœur et de l'autre par la région des poumons. Il nous a montré ses blessures parce qu'il a voulu que nous l'ayons cru, donc nous pourrions vérifier son histoire. Après avoir reçu les coups, il nous a dit qu'une ambulance l'avait recueilli et qu'alors qu'il est arrivé à l'hôpital, il s'est vu venir de son corps depuis qu'il était déjà mort. Xavier a dit que quand il est venu de son corps, il est resté voleter directement au-dessus de son cadavre ensanglanté, en disant:

— Le Regarde, pauvre petit homme, la façon qu'il regarde, son visage semble … si triste.

Il a aussi remarqué que pendant qu'il a regardé cette scène, qui a duré jusqu'à ce qu'il soit arrivé à la salle d'opération de la clinique, une lumière luisante lui a apparu et qu'il se dirigeait vers cette lumière. Par la suite, il a ajouté qu'une voix est venue dc cette lumière et lui a dit:

— Vous ne pouvez pas venir chez moi encore. Revenez à votre corps. Vous devez prêcher mon mot. Dites tout le monde cela.

Je suis Jesus Christ et que mon royaume est réel et véridique.

— Dites-leur que <<Je>> viendrai bientôt pour une église qui est propre et honnête.

Dans ces circonstances, Xavier a été rendu à son corps et à l'hôpital il a été réanimé par les méthodes artificielles. Quand sa vie était déjà hors du danger dans le sanatorium, il a dit qu'il a été envoyé à la prison. Et qu'après qu'il avait été dans la prison pour pas très longtemps, on lui avait permis de partir sans toutes charges criminelles étant classées contre lui. Selon Xavier, il était vivant maintenant et un homme libre, seulement pour se consacrer pour prêcher l'Évangile de Christ le Seigneur. Il a affirmé que Christ lui-même s'était occupé du prompt rétablissement de ses blessures et l'avait aussi pris rapidement de l'hôpital et ensuite du pénitencier. Après nous avoir dit son histoire, Xavier nous a invités à une église chrétienne, à laquelle il a assisté régulièrement chaque semaine. Le nom de l'église est:

— Le rayon de Lumière — et même s'il a déplacé son endroit plusieurs fois, le temple est localisé à ce jour dans la ville de Santa Ana, à Californie.

Dans le cadre de ma famille, j'ai aussi une sœur dont le nom est Veronica.

Et ma sœur Veronica et ma cousine Theresa ont commencé à régulièrement assister au Rayon d'église de Lumière. Juste quelques jours plus tard, je les ai rejoints et ai aussi commencé à assister aux services d'église religieux là. Cependant, j'ai fait ainsi essentiellement pour surveiller ma sœur et sur mon cousin malade, pas pour autre raison. L'histoire que Xavier nous avait dit était intéressante. Néanmoins, à mon opinion il était juste un gars bizarre et qui sait, pour tout ce que je savais, peut-être il était malade aussi mentalement. Et la mauvaise chose a consisté en ce que maintenant je l'avais presque tous les jours dans ma maison. En plus, évidemment je le voyais à l'église tout le temps et chaque fois qu'il m'a vu à ma maison ou à l'église, il n'a jamais manqué l'occasion de répéter le message suivant:

— Venez à une retraite dans les montagnes et vite pour chercher la présence de Dieu.

— Et quand nous revenons, vous ne serez plus le même homme.

À ce point, peut-être le lecteur se demande, qu'est-ce qu'une retraite?

Une <<retraite>> est un endroit qui est surtout et spécifiquement disposé à chercher l'amélioration de la vie spirituelle d'un individu.

C'est fait par le biais du jeûne, la prière, la lecture de Bible et la camaraderie avec la fraternité, qui a l'intention de chercher le même objectif. À ce moment dans ma vie, je croyais que j'étais assez heureux avec mes projets musicaux et je ne me suis pas intéressé à changer, même le moindre du monde. À mon propre jugement et connaissance, j'étais tout à fait parfait et n'avais besoin de rien d'autre. Le temps a passé vite. Les mois ont passé et maintenant j'avais déjà 19 ans. Un de ces jours, Xavier a étendu la même invitation qu'il faisait toujours et j'ai décidé d'accepter. Puisque je pensais: — J'irai à la retraite et je reviendrai étant la même personne. — De quel changement Xavier parle-t-il?

— Si j'assiste à la retraite, évidemment je reviendrai le même homme que j'étais toujours.
— Je ne vais pas changer, je n'en ai pas besoin.
— Et dès que je me manifeste lors de la retraite et rends la même personne, Xavier ne me tracassera plus plus par la même édition.

Ainsi, la réflexion que j'allais me débarrasser de Xavier ennuyeux et que rien d'inhabituel n'arriverait, j'ai accepté l'invitation. Dorénavant, j'ai fait des plans d'aller à la retraite avec ma sœur Veronica et ma cousine Theresa. Dans un petit peu, nous marcherions ensemble sur un voyage à une aventure mystérieuse …

113

CHAPITRE 9
MONT CARMEL

Le jour pour aller à la retraite est arrivé finalement. C'était un vendredi et c'était quelque part vers huit heures du soir où nous sommes partis pour les montagnes de Californie. Xavier était le driver automobile désigné. Les autres passagers étaient ma sœur Veronica, Theresa et moi. Pour moi, en visitant cet endroit était une perte de temps complète parce que je perdais l'occasion de m'exercer avec la bande, étant donné que nous nous sommes rassemblés pour jouer les week-ends. Pour cette raison, je n'étais pas heureux du tout. Nous avons conduit le long des autoroutes et par le biais de longues étendues de routes dévastées et ombragées. Il nous a fallu plus de deux heures pour rencontrer par hasard l'endroit. Après l'arrivée, nous avons vu que la rue principale où la retraite a été localisée n'avait aucun trottoir, c'était toute la crasse. Il venait de pleuvoir dans les montagnes et la route a été mal érodée. Dans la rue étaient de grands fossés provoqués par le haut volume d'eau qui a renversé au-dessous de la route. Une voiture compacte comme celle dans laquelle nous étions avait le problème en traversant la route, qui s'est composée en ce moment-là du sol pur, l'eau et la boue.

Xavier a traversé les trous profonds et a allongé des tranchées très lentement et soigneusement empêcher l'automobile d'être prise là. L'établissement a été localisé en montée sur les banques d'une montagne et à cette heure tardive de la nuit — tout a semblé abandonné —. Loin et d'une distance loin, seulement on pourrait entendre l'aboiement de chiens, qui, avec leurs oreilles hypersensibles, avaient remarqué notre arrivée. Ces chiens n'ont pas appartenu à la retraite, mais plutôt aux voisins vivant dans la région proche. Il était très froid dans les montagnes. Quand j'ai parlé, je pourrais voir ma propre haleine se transformer en vapeur avant mon visage (fogging). Le site a été entouré par une clôture en métal entrelacée entourant le périmètre rectangulaire entier. À l'intérieur de cela il y avait environ cinq mobiles homes, ou comme on les appelle aussi, les maisons préfabriquées. Ceux-ci ont été localisés dans les positions différentes dans la limite, en couvrant ainsi la plupart de la région. Ces maisons préfabriquées avaient le trait distinctif d'avoir des roues au-dessous d'eux pour tenir compte de la mobilité et de la délocalisation facile. L'endroit n'a pas fait une bonne impression sur moi. De toute façon, nous avions atteint finalement la retraite appelée Mont Carmel dans la proximité aux montagnes de San Bernardino, Californie.

Quand nous sommes arrivés là, il était bien plus de dix heures la nuit. Xavier est sorti de la voiture et a enlevé une chaîne de la porte de la porte. Après cela il a fait glisser la porte de métal <<lourd>> qui a servi de l'entrée principale et a garé le véhicule à l'intérieur de l'endroit. Le plan était pour nous pour rester là depuis au moins deux ou trois jours et pour le week-end. Donc, chacun d'entre nous a porté des sacs à dos. Les sacs à dos ont contenu un changement de vêtements et des articles d'hygiène tels que le dentifrice, le shampooing et le savon pour que nous puissions faire un brin de toilette pendant notre séjour là. Ensuite, nous sommes entrés dans une maison qui avait d'une histoire simple, mais c'était tout à fait spacieux. C'était la maison principale ou principale et là nous avons rencontré certaines personnes qui ont inspiré la tendresse puisque je n'avais jamais rencontré avant que jusqu'à ce jour. Le nom du Pasteur était David et le nom de sa femme était Priscilla. Les deux pasteurs avaient d'un âge adulte adulte. Pastor David avait soixante et un ans et sa femme, étant deux ans plus vieux que son mari, a apprécié soixante-trois ans d'âge à ce temps-là. Le beau couple pastoral nous a traités comme si nous étions leur propre famille. Ils nous ont faits nous sentir à la maison immédiatement et nous ont appelés les frères. Ces frères de pasteur ont inspiré la confiance, le respect et l'affection.

Ils étaient aussi le meilleur exemple de chefs spirituels que je rencontrais jamais jusqu'à ce moment. Cela très même nuit, Pastor David m'a recommandé que pendant que j'étais lors de la retraite je devrais <<jeûner>>. C'était parce que le jeûne a été utilisé comme une forme de sacrifice à Dieu dans cet endroit. Je lui ai dit que je n'ai jamais jeûné, pas même pour une seule journée dans ma vie et que si j'ai senti la faim — pour autant qu'il me deviendrait furieux — je démarrerais dans la voiture au magasin le plus proche, en cherchant quelque chose pour manger. Il était d'accord. Néanmoins, Pastor David m'a dit qu'il prierait pour moi pour que je ne sente pas la <<gene>> en offrant le jeûne à Dieu. Immédiatement, le pasteur a continué à mettre la main sur ma tête et a fait une petite prière. Je n'ai senti rien de spécial pendant cette prière courte, qui n'a même pas duré une minute. Ensuite, ceux qui étaient présents ont commencé à prier à l'intérieur de la maison, bien que je me sois limité à l'observation avec la révérence. Cette nuit nous sommes allés au lit vers trois trente le matin. Nous étions restés en haut tard divertissants nous-mêmes en parlant avec les pasteurs de la Bible et Jesus Christ. Nous avons aussi parlé de comment ils étaient venus avec l'idée de s'installer à ce coin lointain du monde. L'histoire qu'ils ont dite de l'origine de la retraite était difficile pour moi à croire.

Ils ont déclaré que pendant plusieurs années ils avaient été des membres juste réguliers d'une église chrétienne. Néanmoins, les choses avaient changé quand Dieu avait communiqué avec eux par une série de rêves. Dans ces visions, Dieu leur avait dit qu'ils devaient acheter un endroit dans les montagnes pour établir un abri spirituel. Inclusivement, dans un des rêves, la vision de l'endroit avait apparu avec une adresse complète de la propriété qu'ils devraient s'intéresser à acheter. Après avoir cherché la propriété, ils se sont rendus compte qu'il a existé en fait. Et, si ce n'était pas la coïncidence assez, c'était pour la vente. Cependant, l'établissement a été offert pour une quantité d'argent qu'ils ne pouvaient pas se permettre. Loin d'être découragent, ils ont parlé avec les propriétaires et leur ont dit qu'ils pourraient payer seulement 85 % du prix demandé parce que c'était la limite de leur prêt bancaire. David et Priscilla ont communiqué aux propriétaires réels que Dieu leur avait dit dans un rêve qu'ils seraient les nouveaux propriétaires. Ils ont demandé aux propriétaires actuels d'accepter leur offre pour la propriété, même s'ils ne pouvaient pas payer le plein prix pour cela. À ce moment, les propriétaires leur ont dit qu'ils devaient parler l'un à l'autre et qu'ils leur donneraient leur décision plus tard.

Après celui, как un se ont jours huit dépassèrent, une paire encaisse un appel une acceptation leur offre, et eux gladly et sans un ne importe quel retard signa un purchase contrats. C'est pourquoi, après une existence un membres une église réguliers - eux devinrent un pasteurs une digression cléricaux - de dont eux immédiat baptisa avec à le nom de un mont Mount. Et tout cela a été décrété et n'arrangé par personne d'autre que par Dieu lui-même. Ou, au moins ce c'est ce que le couple affectueux et attachant raconté. Le jour suivant nous nous sommes levés tôt à sept le matin pour prier et lire la Bible. J'étais capable de lire la Bible, mais de toutes les autres activités j'ai préféré juste observer. Un peu après le midi, nous avons rencontré un groupe de frères qui étaient venus pour visiter d'une autre église. C'était un groupe d'environ neuf personnes qui, sans perdre tout temps, ont commencé à chanter des louanges à Dieu. À l'intérieur de la maison principale ou principale, il y avait une pièce assez grande pour loger quelque part environ vingt personnes. Cette grande pièce avait la fonction d'être une église miniature et il a été complètement arrangé avec une plate-forme, une chaire, des instruments de musique et des chaises. Et c'était où nous tous étions. La sœur Priscilla nous a rejoints en jouant du piano. Elle a apprécié pour chanter des chœurs de louange et elle l'a fait avec la grande joie et avec la passion.

119

Puisque le soir a avancé, quelque part environ trois quinze p. m. , certains d'entre nous ont continué une excursion au haut d'une montagne. Pendant notre ascension, nous pourrions voir de grandes pierres et des rochers et nous avons aligné zigzagging entre les grandes roches et entre une et un autre buisson vert. Quand j'ai atteint une hauteur considérable au-dessus de la surface, je pourrais voir qu'un par contre les oiseaux volant jovialement au-dessus de la vallée, cela petit à petit, était été tiré sous mes pieds. Après l'atteinte du haut, chaque individu s'est livré séparément à la lecture de la Bible, la prière ou le chant. J'ai même vu une personne commencer à crier. Pour ma part, je n'étais plus furieux. J'ai même aimé ce que j'avais connu jusqu'à présent, car j'ai estimé que les gens étaient libres de s'exprimer comme ils ont voulu. Je n'ai vu personne critiquer n'importe qui d'autre. Chaque personne s'est occupée de ses propres affaires et avec la ferveur évidente ou le dévouement. Voie de je l'ai vu, cela commençait à ressembler à quelque groupe de thérapie. Dans la psychologie, un groupe de thérapie est une association des gens qui arrivent ensemble pour mutuellement s'aider. L'idée principale d'une réunion typique est de permettre aux gens de décharger leurs émotions en exprimant librement leurs sentiments et leurs problèmes.

Ce type de thérapie aide beaucoup la personne à se connaître et il aide aussi à améliorer des relations entre les individus. On est connu que les thérapies de groupe sont tout à fait efficaces dans le traitement des problèmes de solitude, dépression, inquiétude et penchant. Tout cela de guidé par un psychotherapist qui a la préparation pour évaluer et produire des changements dans le comportement, l'attitude et les façons de raisonner. En pensant à ces choses, maintenant j'étais la réputation sur une grande roche au pic de la montagne. La descente, le paysage a montré des champs tout à fait alignés, avec quelques petites maisons. J'avais mal évalué, l'endroit était bel et pas aussi abandonné que j'avais imaginé d'abord. En haut là le vent frappait mon visage avec une force modérée et j'ai respiré de l'air frais et pur. J'ai senti un petit froid, mais j'ai aussi réussi à ne pas hésiter de tout. Je crois que dans cet endroit les problèmes mondains sont devenus insignifiants. Comme ça, la réputation en haut, un sentiment étrange m'a embrassé. Je me suis senti comme si j'étais plus proche à Dieu. évidemment, en reconnaissant qu'il existedt Là, je prononce ces words:

— Dieu, en réalité, je n'ai jamais de recherche de vous puisque je la fais aujourd'hui … existez-vous vraiment?

Alors, j'ai senti un grand désir d'ouvrir la Bible que j'ai portée avec moi. Juste en l'ouvrant, les pages simples, comme si déplacé par l'air, ont passé d'un à un autre jusqu'à ce que les draps du livre se soient arrêtés à un endroit spécifique. C'était dans le livre de Psaumes où un vers de Bible est ressorti parmi toutes les autres Saintes Écritures, comme si cela a été rendu brillant par une petite luminosité. Et c'est ce que j'ai lu:

Psaume 84:10. Un jour dans votre Temple est mieux que mille jours n'importe où ailleurs. Servir une garde à la porte de la maison de mon Dieu est mieux que la vie dans les maisons du méchant.

À ce moment, en lisant cette citation j'ai pensé que tout le passé les jours de ma vie n'avaient aucune valeur à Dieu. Cependant, si j'ai cherché Dieu pour même une seule journée, qui avait un jour <<vraiment>> une valeur spéciale pour Lui. Je croyais que j'avais constaté que la Sainte Écriture par la pure coïncidence et pas par un peu d'activité paranormale, depuis qu'il était tout à fait venteux au-dessus de la roche où j'étais la réputation. En descendant de la montagne et revenant à la retraite, nous sommes entrés dans la maison principale et nous sommes assis dans la salle de séjour, en nous consacrant à l'observation des vidéos — des témoignages d'un chrétien célèbre —.

La vue de ces vidéos avait un grand impact sur moi parce que j'ai entendu les gens parlant des merveilles que Dieu avait fait dans leurs vies. Nous avons vu des témoignages de toutes les sortes des gens, de différents sexes, des âges, des niveaux éducatifs, des cultures et des classes sociales. Ceux qui ont témoigné étaient un ancien Sataniste, un ancien homosexuel, un ancien drogué et une ancienne prostituée. D'une part, chacun de ces témoignages était différent, mais d'autre part, ils tous avaient quelque chose en commun. Ils tous ont parlé d'à ce quoi leurs vies avaient ressemblé avant qu'ils rencontrent Jésus et, évidemment, chacun d'entre eux avait un différent style de vie. Mais ce qu'ils tous avaient en commun est que chacun d'entre eux a raconté une rencontre personnelle avec le Messie juif avec un luxe extrême de détails. En voyant ces témoignages, mon pauvre esprit, incapable pour empoigner ces concepts, a été rempli juste des questions et des préjugés. À ce moment, je pensais à moi-même:

— Paie-t-on des acteurs à ces gens?
— Que disent-ils? Cela ne peut pas être!
Et un gang — formé par les doutes sans pitié — violent et abusif, m'a persécuté pour me battre en haut sans clémence. Dimanche soir vers neuf trente p. m., nous étions déjà sur notre voie à la maison.

D'ici là, j'avais oublié que je n'avais mangé rien À ce moment-là, j'avais oublié que je n'avais rien mangé pendant plusieurs heures. Puisque je jeûnais toujours, je n'avais pas mangé la nourriture, ni j'avais bu de l'eau, depuis le vendredi soir précédent. Et c'était déjà dimanche soir, lundi était sur le point d'arriver. C'était inconcevable à moi. D'une façon ou d'une autre, j'avais réussi à passer quarante-huit heures sans manger toute nourriture et sans boire toute eau. Et aussi incroyable que c'était à moi, j'avais toujours pas faim, ni j'étais assoiffé non plus. Autre que cela, je n'ai senti rien d'anormal. Quelque chose d'autre qui a attrapé mon attention était la façon que les gens se sont exprimés lors de la retraite. Comme les personnes ont parlé là de Jésus comme s'ils parlaient d'un ami intime. Les gens dans cet endroit ont vraiment tellement parlé de Christ, qu'une <<graine>> ait été déjà plantée dans mon cœur. À l'intérieur de l'automobile et sur notre voyage à la maison, j'ai commencé à me questionner … En feuilletant la fenêtre de la voiture et la contemplation des étoiles, je croyais que si Dieu a existé, il serait loin. Si Dieu a existé, peut-être il a vécu au-delà des étoiles que je pourrais voir en haut là dans l'obscurité du sommeil, le firmament bleu et nettement défini. Néanmoins, les personnes lors de la retraite ont parlé de Dieu comme s'il était leur <<voisin>> d'à côté ou quelque chose de la sorte.

Il était extrêmement étrange pour moi d'écouter ces gens dans cette conversation d'endroit que la voie d'un être qui était censé être le créateur de toutes les choses faites. Sur ce, je le croyais si Dieu a vraiment existé …

— Pourquoi s'intéresserait-il ainsi à une telle créature infâme comme l'être humain ? Et en réalité, il n'y avait aucune réponse. Sauf que quelques jours plus tard, après avoir lu la Bible, j'ai vu que dans le livre de chapitre de Genèse un, avec les citations de vingt-six à vingt-sept, l'homme avait été créé dans l'image et la ressemblance de Dieu. Cela peut être lu dans:

Genèse 1:27. Donc Dieu a créé des humains DANS SA PROPRE IMAGE. Il les a créés pour se ressembler. Il les a créés le mâle et la femelle.

D'ici, j'ai commencé à formuler autres idées …

— Si le Satan déteste Dieu et ne peut pas le battre pour cela est écrit cela — les lustres clairs dans l'obscurité et l'obscurité ne l'a pas vaincu — dans le chapitre 1:5 de John.

Peut il être cela …

— Le Démon, étant incapable de vaincre Dieu, prend ensuite la vengeance sur Dieu?

Et pour l'accomplir, le Satan détruit l'humanité …

— Puisque dans les humains, le Démon peut voir Dieu?

Donc …

— Pourrait-il être que Dieu s'intéresse aux êtres humains parce qu'il les défend du Satan?

Si c'est le cas, alors, le pourrait être possible à le déduire …

— Jesus Christ avait été envoyé ici pour nous aider?

Absorbé, j'ai continué à planter des idées dans ma tête et j'ai médité sur tout cela. C'était un sujet fascinant, encore un peu déconcertant, ennuyeux et abstrait. Sur le compte que je pourrais travailler seulement avec les idées et les concepts qui étaient vagues, imprecise et extrêmement imaginatifs.

CHAPITRE

10

LA MUSIQUE A ÉTÉ DÉNATURÉE

Après avoir conduit l'exigé plus de deux heures de voyage, nous avons atteint finalement la ville de Santa Ana et notre maison. Cette nuit j'ai dormi avec la meilleure disposition pour commencer ma routine quotidienne, comme j'ai fait chaque jour au lever du soleil. Enfin le matin est venu. Après le réveil, la première chose que j'ai faite était de mettre un disque avec un rock sur mon joueur de musique pour que je puisse commencer le jour avec l'énergie. Mais quelque chose de très étrange est arrivé parce que la musique a paru <<denature>>. Naturellement, la première chose que je croyais a consisté en ce que mon système solide s'était cassé. Beaucoup déçu, mais toujours désireux de commencer mon jour la meilleure voie possible, j'ai allumé la radio et ai accordé le cadran dans une station de roche. Néanmoins, à mon grand déconcertent, la musique a paru également mauvaise. La mélodie, avec le rythme et l'harmonie ... tout cela des chansons a semblé fausse. Tout était hors de l'air. Les instruments n'avaient pas l'air de s'accompagner.

127

Même la voix a sonné comme si elle chantait dans le ralenti, complètement de l'air et indifférente aux autres instruments. J'ai essayé de jouer un peu de musique sur autant d'électroniques que j'avais à ma disposition à ce moment. De toute façon, le résultat était toujours le même — les chansons ont paru laides et impossibles d'écouter —. Je suis devenu extrêmement nerveux. J'ai commencé à tourner autour de dans ma pièce comme si j'étais un animal sauvage qui avait été juste capturé et mis en cage. Dans mon esprit trouble et peiné, j'ai essayé de trouver une explication logique de ce qui était arrivé à la musique, mais rien n'avait du sens et j'avais peur. J'ai commencé à développer l'idée qui étant peut-être à une très haute altitude sur le pic de la montagne avait affecté d'une façon ou d'une autre mes oreilles (barotrauma) . Je me suis aussi demandé si j'avais attrapé un peu d'infection ou maladie dans mon système auditif, donc je me suis senti extrêmement inquiété. Donc, j'ai commencé à prendre un rendez-vous avec un otolaryngologiste (un docteur qui se spécialise en oreille) pour mardi matin. Comme les heures passées à côté, a enfoncé ma pièce, le fait de méditer, j'ai commencé à me souvenir des mots que Xavier avait l'habitude de me dire tout le temps:

— Venez à la retraite … Vous ne serez pas même …

J'ai passé toute la journée à l'intérieur de la maison, rendue perplexe et ai choqué. C'était un lundi l'après-midi. Comme à environ six dix p. m. , ma sœur Veronica et ma cousine Theresa m'ont demandé si je m'occuperais du service d'église qui était sur le point de commencer à sept heures du soir. J'ai dit oui, mais moi en réalité, je me suis senti détruit. J'étais devenu un peu mélodramatique. Le rock était mon trésor, mon nouveau jouet et maintenant je n'avais plus rien pour le divertissement. Je croyais aussi que je n'avais maintenant plus d'avenir. Plongé dans ces pensées les minutes ont passé et vers six quarante p. m. , ensemble nous nous sommes dirigés à la réunion religieuse. Quand nous sommes arrivés à l'église, l'équipe de vénération avait déjà commencé et quand je suis entré dans le temple, j'ai entendu les chœurs de louange à Dieu. À ma surprise, la musique a combiné ses sons avec le chronométrage parfait et les pauses. La musique a chanté la poésie dans l'harmonie complète et s'en est vantée devant mon visage, comme quand on affiche un trophée nouvellement gagné. C'était comme si les anges eux-mêmes chantaient et jouaient des instruments. Le son était céleste, c'était surhumain. Il a ressemblé à un chef-d'œuvre qu'un grand artiste peignait dans l'air et seulement mes oreilles pourraient voir sa grandeur. Je me suis senti comme si mon cerveau fondait comme une bougie de cire placée devant un bois chaud - la cuisinière brûlante.

Et ainsi, comme lequel, j'ai été quitté stupéfait sur si beaucoup de beauté. Depuis une seconde, je me suis senti moqué et gauche. Cependant, l'instant suivant que je suis devenu stupéfie et dans un état <<émerveillé>>, je l'ai accepté. Car à ce moment précis, la lumière est venue à ma compréhension. Aucun homme ne m'avait changé. Aucun ne l'avait été par le pouvoir d'aucun être humain. Si quelqu'un m'avait dit de changer ma vie et distancer les plans musicaux que j'avais en arrière alors, j'aurais répondu avec un impoli, un pompeux:

— Ne touchez pas à ma vie, laissez-moi la paix!

Mais maintenant, finalement et après beaucoup de méditation et luttant avec moi-même, j'étais capable de reconnaître un grand et une vérité extraordinaire … Oui Dieu … existe vraiment! Maintenant je savais que Dieu avait le pouvoir de changer des êtres humains. Et cela supplémentairement …

— Il était disposé à le faire!

L'idée que le Père Éternel a existé et qu'en même temps, il s'est intéressé à moi l'espoir créé dans mon être. Et de cette expérience vient le deuxième pas pour sauver votre âme …

2

LE DEUXIÈME PAS POUR SAUVER L'ÂME

Le deuxième pas à être sauvé est — Ont la Foi. Peut-être vous ne pouvez pas voir Dieu, cependant, vous devriez faire un effort pour croire que Dieu existe. Et vous devriez aussi faire un autre effort pour croire qu'il veut faire un changement réel et permanent dans vous. Le cher lecteur, savez-vous quelle la foi est? Nous pourrions le définir vite comme — je ne le vois pas, mais je le crois —. C'est cela simple, sans le besoin pour les définitions complexes. Pour votre âme à être sauvée, il est extrêmement nécessaire que vous croyiez que cela fait Dieu existent. Étant cela ... comment Dieu viendra-t-il pour vous aider si vous ne croyez même pas dans lui? Les Saintes Écritures bibliques que vous lirez ensuite me soutiennent sur ce que j'ai dit:

Israélites 11:6. Sans FOI personne ne peut plaire à Dieu. QUI QUE CE SOIT QUI VIENT CHEZ DIEU DOIT CROIRE qu'il est réel et qu'il récompense ceux qui essaient sincèrement de le trouver.

Israélites 11:1. LA FOI est ce qui REND RÉEL LES CHOSES que NOUS ATTENDONS. C'est la preuve de ce que nous ne pouvons pas voir.

Donc, ayez la foi et attendez-vous à seulement bonnes choses. Si vous avez la foi, tout bon désir de votre cœur a une chance de se matérialiser. Avec la foi, il y a une occasion. Sans foi, il y a un peu de chance de quelque chose l'événement parce que la personne ne s'attend pas recevoir n'importe quoi du tout. Maintenant peuvent vous regarder, que une différence grande c'est? Si vous attendent se empocher something grandiose, comme par exemple une expérience un salut votre esprit, vous doivent avoir une confiance. Dans ce chemin, vous demeurent sûr, que vous éprouvent un salut. Aussi, je demande vous défendre un negative idées, dont continuent une communication vous, que God non fait, existe, cette votre vie non est jamais se contrefaire, et que vous non sont jamais éprouver anything de God. Complémentaire, indispensable pour vous assumer, que c'est - éventuellement ou éventuellement - parce que est aucun sol moyen dans un royaume clérical.

Ce je signifie, que, lorsque un déclarations God dans votre vie, vous sont connaître ce bien. Soit vous encaissent ce entier, soit vous non encaissent un néant, mais vous non sont jamais encaisser une demie something de God. Et si someone perçoit un défaut une confiance, ce person peut empocher ce conformément à Bible, écoute un mot un dieu. C'est comment il est écrit dans le livre de Romains, le chapitre dix, avec la ligne dix-sept. À mon opinion, la façon la plus facile d'augmenter votre foi est en écoutant les témoignages chrétiens. Comme ceux-ci racontent le — les miracles et les merveilles — que Dieu crée jour après jour dans les vies des gens innombrables. Et croyez-moi que si vous le cherchez, il y a l'abondance de renseignements que vous pouvez trouver dans tout le type de médias pour que vous puissiez entendre le mot de Dieu. Par exemple, ce livre, dans son Édition Audible, a comme un de ses objectifs d'augmenter votre foi. Je surtout comme le fait d'écouter des témoignages chrétiens dans le site Internet de www.youtube.com parce que cela m'aide à augmenter ma foi. Quand vous entendez les témoignages et vous vous rendez compte que Jésus guérit toujours terminalement mal, en aidant la libération du captif et la levée des morts, votre foi grandira sans aucun doute.

RECHERCHE DE LA GUÉRISON DIVINE

Je renonce au groupe de rock parce que sa musique n'avait plus aucun sens pour moi. Maintenant on m'a diverti complètement avec l'idée que Dieu a existé en fait. À dix-neuf ans d'âge, je me suis consacré à la recherche de Jésus puisque je ne l'avais jamais fait auparavant. Veronica, Theresa, Xavier et j'ai été résolu d'assister à l'église chaque jour de service et continuer à visiter la retraite. Pour moi, cette occasion a représenté une chance de satisfaire ma curiosité, car j'ai voulu voir ce qui pourrait arriver. Évidemment, c'est aussi devenu un espoir de guérir l'évanouissement et d'autres problèmes dont ma cousine Theresa a souffert. Avec ce but en tête, nous avons commencé à être présents le Mont Carmel ramènent chaque week-end simple. Je ne pourrais avoir jamais imaginé ce qui était sur le point de m'arriver. Je ne savais pas que j'étais aussi dans le besoin désespéré d'aide. Je ne sais pas pourquoi, mais je ne pouvais pas reconnaître ma propre condition d'un être qui était malade dans le péché et a condamné à <<mort>>. Au lieu de cela je cherchais seulement Dieu d'une pure curiosité. Je croyais toujours que mon mode de pensée et jeu étaient parfaits et qu'il n'y avait rien que je devais changer de moi-même. J'étais incapable de reconnaître ma vanité et ma mauvaise conduite.

J'ai estimé que j'étais un homme autosuffisant. Je croyais toujours que je n'avais besoin de rien ou n'importe qui d'autre pour accomplir mes buts. Néanmoins, je savais que dans mon cœur j'avais seulement la <<haine>> pour les humains et je ne pourrais faire rien pour le changer. Chaque fois que j'ai écouté des sermons à l'église de l'amour pour mon prochain, j'ai connu beaucoup de confusion. Par exemple, si quelqu'un a parlé environ 1 John 2:11:

1 John 2:11. Mais QUI QUE CE SOIT QUI DÉTESTE leur frère ou la sœur est dans l'obscurité. Ils vivent dans l'obscurité. Ils ne savent pas où ils vont, parce que L'OBSCURITÉ LES A FAITS AVEUGLER.

Après avoir écouté une prédication d'une citation comme celui-là, je pensais à moi-même:
-if je pus prendre une haine lointain de me de la sorte je peux dégommer t-shirt, dont je arbore, je dois.
-but, dont je non peux, parce que une haine - une fraction je.

C'est pourquoi, agaça, je wondered une question, de que un gens dans une église débitèrent. Selon une cause, dont je non compris un concept, aiment, ma connaissance fut aveuglé contre cette réalité.

Un communications de une affection et une confraternité contraignirent me ressentir comme comme si je réellement non appartins sur celui lieu, bien que maintenant je visitai une église tout le un jours un service. Une haine, dont je ressentis selon une destination contre mon voisin, interne forma une barrière, dont détacha me de une église Christ. Sont un beaucoup sacrées écritures, dont prêchent, bibliques aiment, mais cette citation dans premier de John 3: 14, particulier dérangea me un coup chaque, lorsque je lis ce, parce que ce désigna moi, lequel avorté ma réalité interne fut.

1 John 3:14. Nous savons que nous avons quitté la mort et sommes entrés en possession de la vie. Nous le savons parce que NOUS NOUS AIMONS comme les frères et sœurs. QUELQU'UN QUI N'AIME PAS EST TOUJOURS DANS LA MORT.

PSYCHOLOGIE DE JEUNES 17-19

Le narcissisme est le désordre de personnalité pathologique dans lequel l'individu montre une indifférence aiguë aux sentiments et aux problèmes d'autres. C'est le mot, dans sa pleine totalité, qui m'a défini à cet âge de 19. J'avais un intérêt disproportionné pour moi-même. Mon amour propre a volé au-dessus de l'espace extra-atmosphérique et je n'accepterais pas de critique vers moi.

CHAPITRE

11

LA VRAIE CONVERSION

Les mois ont passé vite et nous assistions toujours à la retraite chaque week-end simple, sans manquer un temps simple. Un de beaucoup de ces vendredis, nous nous préparions à aller à la retraite, puisque c'était maintenant notre routine. Cependant, ma voiture a décomposé ce même vendredi soir. J'ai appelé Xavier pour lui donner les mauvaises nouvelles que nous ne pouvions pas conduire mon automobile à Mont Carmel et je lui ai demandé si nous pourrions prendre son véhicule dans cette occasion. Il m'a dit que juste il y a deux ou trois jours sa voiture était aussi tombée en panne et pour raison de cela il, aussi, n'avait aucun moyen de transport à ce moment. Je l'ai pris comme un <<signe>> que nous ne devrions pas aller à la retraite que le week-end particulier. Mais Xavier a tenu à aller et il a continué à regarder parmi les membres d'église pour quelqu'un qui pourrait nous faire la faveur de prise de nous aux montagnes. Pour ce moment là, nous avions déjà passé un an entier lors de la retraite, recherchant la <<presence>> de Dieu par le biais du jeûne et de la prière chaque week-end simple.

Dans un certain sens, à ce moment-là je me sentais un peu fatigué parce que nous n'avions connu rien de nouvel à Mont Carmel. Ce jour spécifique que je me suis demandé si je devrais continuer avec le fait de s'occuper la retraite ou si je devrais m'arrêter complètement. En plus j'ai aussi pensé aux nombreuses autres choses que je pourrais faire ailleurs, plutôt que passer tant de temps en haut là dans les montagnes. C'était quelque part vers neuf heures du soir ce même vendredi où j'étais dans ma pièce, heureuse de l'idée de recevoir une fracture d'aller à cet endroit pour changer. Mais à ma surprise, Xavier est arrivé à ma maison à environ 9:20 p. m. , dans un minifourgon de Chevrolet d'une couleur métallique vert pâle et accompagné par un membre célèbre de l'église. Le nom du frère d'église est Manuel et il était disposé à nous prendre dans son camion directement à cette heure. Nous tous sommes montés dans la voiture et le commencement du voyage, a atteint l'endroit autrefois après onze heures la nuit. Malheureusement, le Frère Manuel ne pouvait pas rester parce qu'il devait travailler le jour suivant, samedi matin, donc il est revenu à la ville de Santa Ana aussitôt qu'il nous a quittés. Depuis que nous n'avions aucune façon de revenir à la maison, le Frère Manuel a accepté fidèlement de revenir pour nous recueillir dimanche après-midi. Le matin est arrivé et nous nous sommes levés à sept heures pour prier.

Tout a semblé normal, mais autrefois plus tard l'après-midi, quelques choses rares ont commencé à se produire. Ma cousine Theresa a commencé à s'évanouir pendant notre séjour dans la retraite. Ma sœur Veronica a dit qu'elle s'est sentie comme si quelques yeux la regardaient tout le temps et qu'elle s'est sentie sous la surveillance et inconfortable. Pour ma part, je me sentais terrible réduit à néant et j'ai estimé que je gaspillais déjà mon temps dans cet endroit. À environ 2:00 l'après-midi un groupe de treize frères est venu d'une autre église et ils se sont rassemblés avec nous. Les nouveaux frères ont commencé à prier pour mon cousin et demander la guérison divine à l'intérieur d'une des maisons de l'établissement. Les pasteurs, David et Priscilla, étaient lors de la retraite mais ils n'étaient pas avec nous dans cette réunion de prière. La sœur Priscilla avait baptisé la maison où nous avons été réunis avec le nom de Lazarus. En soi, les pasteurs avaient baptisé chacune des maisons dans l'établissement avec un nom rattaché à quelque chose de biblique. La principale maison ou la maison principale, était la maison pastorale et il a été baptisé avec le nom de Maison de David. Je n'oublierai jamais ce week-end parce que tout a semblé tourner de mal au plus mauvais. Quelque part environ neuf trente p. m., ce jour extrêmement lent, je me sentais tout à fait ébloui.

Ce samedi soir, sans lune en vue, était surtout sombre. Même si j'étais au même endroit où le groupe priait, Je me suis trouvé silencieux et avec mon visage en bas, j'ai regardé seulement le plancher. Je n'ai pas voulu vraiment être là plus et une sorte très différente de pensées a inondé mon esprit à ce moment. J'ai commencé à me demander si c'était peut-être à cause de moi qu'il n'y avait pas une manifestation divine. Inclusivement, je suis même venu pour croire que peut-être ma propre incrédulité et ma haine intérieure d'humains avaient tenu Dieu à distance de nous. Ou peut-être, la raison pourquoi Dieu ne manifestait pas a consisté en ce que Dieu ne m'a pas aimée parce que j'étais une mauvaise personne. Et probablement, comme Dieu m'a détesté, il ne s'approcherait pas du groupe de prière pendant ce temps j'en ai fait partie. J'ai aussi commencé à estimer encore une fois que Dieu n'a pas existé vraiment et que tout que j'avais connu auparavant sur la retraite, avait été simplement une série de coïncidences inhabituelles et inexplicables. À ce point, j'ai continué à me répéter:

— Si j'avais apporté ma voiture, je serais sur ma voie à la maison déjà.

— Je n'ai plus rien pour faire ici.

Cependant, quand toutes ces pensées inutiles d'une plaie plus <<desserrée>> se sont comportées comme de petits enfants méchants — sautant en l'air à l'intérieur de mon intellect peiné — le groupe de prière a commencé à crier avec la joie, dire … Le Seigneur est ici!

À ce même instant, certains frères éclatent en sanglots. D'autres ont commencé à parler dans les langues étranges que je ne pouvais pas comprendre et la paire plus d'individus vibraient comme s'ils étaient malades avec la maladie de Parkinson (une condition neurologique qui fait une personne pour trembler irrésistiblement). Surpris par le changement soudain dans l'attitude du groupe, j'ai préféré garder ma distance. Néanmoins, ils ont continué dans cette manière pour l'espace d'une heure entière. Au bout d'un moment, c'était presque le minuit, encore en dépit du fait que le groupe avait prié depuis plusieurs heures, ils tous ont semblé frais comme une marguerite. Les frères ont semblé être pleins de la joie et du bonheur. En les regardant juste, j'étais envieux parce que je ne sentais absolument rien d'autre que juste fatigue et incrédulité et tout cela d'accompagné au côté par une grande <<apathie>>.

Entêté comme un mulet et embrouillé avec mes réflexions ennuyeuses, j'ai continué à croire que, effectivement, il était prouvé maintenant.

Dieu ne m'a pas aimé Mais je croyais qu'Il avait chaque raison de ne pas m'aimer depuis que je n'étais pas vraiment, je n'étais non plus jamais dans ma vie entière, un homme de bon willw Et pendant que toutes ces idées méticuleuses se sont répétées comme l'écho d'une cloche à l'intérieur de moi, subitement Xavier (qui avait pris la position de chef du groupe de prière) a dit, en levant sa voix au-dessus de chacun else:

— Qui n'a pas encore senti la présence de Dieu?

J'ai pris la question comme si c'était exactement l'occasion que j'avais attendue. De là, j'ai levé immédiatement mon bras droit. À ce moment, le groupe entier, comme s'ils avaient tous été d'accord à l'avance, a pris chacun les mains d'autre et a formé un grand cercle. Ensuite, ils m'ont invité à passer au centre. Avec mes yeux regardant toujours le plancher, j'ai passé au milieu de la grande roue et ai fermé d'instinct mes yeux sans savoir à quoi je pourrais m'attendre de tout cela. Directement après cela, le groupe a commencé à prier avec de grandes voix et avec l'énergie. Alors, quand à peine quinze minutes de prière avaient passé, j'ai entendu une voix dans un ton doux qui a chuchoté la chose suivante dans mon oreille droite:

— Repentez-vous et avouez vos péchés.

La voix avait l'air de ce d'un jeune homme, mais je ne pouvais pas l'identifier comme appartenant à un membre du groupe. De la pure curiosité, j'ai ouvert immédiatement mes yeux pour voir qui s'était approché de moi pour me dire une telle chose, cependant, je n'ai vu personne cela près de moi. Plutôt quand j'ai ouvert mes yeux, je me suis rendu compte que chacun dans le groupe faisait fermer toujours leurs yeux et tenait toujours fermement des mains, en formant le grand cercle autour de moi. J'ai décidé au fermé mes yeux de nouveau. Néanmoins, quand le groupe venait de passer environ encore cinq minutes dans la prière, le phénomène étrange est arrivé pour une deuxième occasion … Encore une fois, j'ai entendu la même voix, mais cette fois c'était beaucoup plus proche à moi. La personne qui a parlé était si immédiate à mon oreille que c'était comme si les lèvres qui ont prononcé le message étaient sur le point de s'écorcher mon bon lobe (la partie inférieure de l'oreille). Et le message a été répété:

— Repentez-vous et avouez vos péchés.

Mais ce qui était différent était que dans cette occasion, la voix n'était douce plus, plutôt il a parlé avec un ton particulier qui y a donné le sérieux et la fermeté. Encore une fois, j'ai ouvert mes yeux immédiatement pour voir qui disait de telles choses.

144

Cependant, la situation s'est répétée, il n'y avait aucun individu assez près à moi pour parler avec une telle proximité. J'ai fermé mes yeux pour la troisième fois, en ne sachant toujours pas que faire ou que penser à tout cela. Néanmoins, ce qui m'arrivait me rendait extrêmement nerveux, puisque j'avais déjà le sentiment que quelque chose de l'ordinaire survenait dans mes alentours. Mais cette fois, aussitôt que j'ai fermé mes yeux la même voix a apparu dans mon oreille. Ce qui était différent était que maintenant la voix a sonné avec un timbre de désespoir. Et en déclamant un son de détresse et d'urgence, la voix mystérieuse a crié le même préavis dans mon oreille:

— Je vous dis d'avouer tous vos péchés et vous repentir!

Je ne pouvais pas me contenir de plus long ...

Mes jambes se sont affaiblies et je suis tombé à genoux dans le centre du cercle. J'ai estimé que mon cœur avait volé en éclats comme si c'était un pot d'argile qui avait été juste violemment lancée sur le plancher. Alors j'ai cassé des gémissements comme un petit enfant et j'ai commencé à gémir avec de grands pleurs et déplore. Il y avait tant de déchirures dans mes yeux que je ne pouvais pas bien voir, car les mêmes déchirures ont inondé complètement ma vision.

Et bien que j'aie honte de dire à haute voix ma multitude de méfaits en présence des gens autour de moi, je l'ai subi et j'ai enduré ma culpabilité. Une atmosphère d'urgence avait été créée dans mon cœur, donc j'ai commencé à avouer à haute voix chacun de mes péchés. De file, j'ai raconté beaucoup de mes tromperies, méchantes voies, est, les vols et d'autres perversités que j'avais commises depuis mon enfance. Je disais à Dieu que j'ai regretté chaque mauvaise action. En plus, j'ai dit à Jésus que je l'ai accepté comme le Seigneur et le Sauveur de ma vie. J'ai dit à Christ que je n'ai pas voulu être le même homme que j'étais toujours, que je lui ai capitulé et que je lui demandais de me pardonner et m'accepter.

Et de cette expérience inoubliable vient le troisième pas pour sauver votre âme …

KID
VS
SATAN

HOW TO SAVE YOUR SOUL FROM HELL
(REAL LIFE STORY)

TROISIÈME ÉTAPE POUR SAUVER L'ÂME

Le troisième pas est — Se repentent. Oui, repentez-vous de vos péchés et acceptez Jesus Christ comme votre seul Seigneur et Sauveur. De plus, quand vous le faites, faites-le avec tout votre cœur, avec tout votre esprit et avec toute votre force. Permettez-nous de regarder ce que la Sainte Écriture suivante doit dire concernant cela:

Romains 10:9. Donc VOUS SEREZ SAUVÉ, si VOUS DITES honnêtement, "JÉSUS EST LE SEIGNEUR" et si vous croyez AVEC TOUT VOTRE CŒUR que Dieu l'a élevé de la mort.

Dieu ne peut pas être trompé, car il sait l'intention authentique de votre cœur. C'est la raison pourquoi la personne doit montrer le repentir <<reel>>.

Ce que cela signifie est que si vous vous repentez vraiment, vous ne commettrez plus les péchés pour lesquels vous venez de vous repentir. Le repentir doit être — personnel et légitime — pour cela pour travailler. La Bible prouve ce que je dis et cela peut être lu dans le livre de Proverbes comme suit:

Proverbes 28:13. Qui que ce soit qui se cache leurs péchés ne seront pas réussis, mais QUI QUE CE SOIT QUI AVOUE leurs péchés et arrête de faire RECEVRA mal la CLÉMENCE.

Il est nécessaire pour vous de savoir que si vous acceptez Jésus comme votre Seigneur et Sauveur mais vous ne le faites pas de votre cœur, vous vous trompez. Et peut-être vous pouvez duper la personne à côté de vous, mais vous ne serez jamais capable de duper Dieu. C'est pourquoi vous avez besoin de vous repentir honnêtement de vos péchés et faire une vraie confession de votre wrongdoings . Effectivement, acceptez Jésus avec toute votre détermination. Et si vous êtes un de ces gens qui dit que vous ne devez pas le faire parce que vous êtes déjà vertueux et bon, lisez s'il vous plaît ce que la Sainte Écriture suivante expose:

Romains 3:23. NOUS TOUS AVONS PÉCHÉ et avons été au-dessous de la gloire de Dieu.

Le cher lecteur, ne dupez-vous plus. Admettez votre nécessité. Prenez une décision aujourd'hui et accomplissez le troisième pas <<**pronto**>>. Vous ne devez payer rien pour être sauvé. Il n'y a non plus des <<rites>> chers ou des cérémonies élaborées pour atteindre Dieu. Ce pas est facile et c'est comme près de vous comme dans votre propre bouche et dans votre propre cœur. Si vous ne savez pas où ou comment commencer, vous pouvez suivre cette prière simple: — Jésus-Christ le Seigneur, je me repens de ma cruauté, entre en possession s'il vous plaît de ma vie et remplit le vide dans mon cœur avec votre présence. De la date d'aujourd'hui, je vous accepte comme mon Seigneur et comme le Sauveur seul et suffisant de mon âme. — Dorénavant je vais prier, vite, lu la Bible et me rassembler avec les frères qui cherchent vraiment votre présence dans l'esprit et en vérité.

— Dieu de père, faites votre testament m'être fait. Je ne veux pas mener ma vie comme je veux, maintenant je veux mener ma vie comme vous voulez que je le vive. Guidez-moi s'il vous plaît avec votre Esprit Saint. Je vous demande aussi d'écrire mon nom dans le Livre de Vie. Amen.

Conjointement, selon la Bible, la manière très spécifique dans laquelle tout être humain peut établir une connexion avec Dieu, n'est pas par la science ou autre méthode secrète, mais est juste par Jésus. C'est pourquoi, cela a été écrit:

John 14:6. Jésus a répondu, "Je suis la voie, la vérité et la vie. LA SEULE VOIE AU PÈRE EST PAR MOI.

CHAPITRE

12

LE JOUR LE MONDE A FINI

Pourquoi font la plupart des personnes tiennent à prévoir que la fin du monde sera un événement collectif? Il y a une plus haute probabilité que la mort viendra chez un célibataire séparément que cela la destruction toute l'humanité arrivera en même temps. Je le dis parce que pour moi — le jour de la fin du monde — est venu quand j'avais seulement vingt ans. Être que c'est l'âge quand je suis mort ... Maintenant c'était dimanche, aux tout petites heures du matin. J'étais toujours lors de la retraite et j'étais toujours dans le centre du cercle que le groupe de prière avait formé pour prier pour moi. Aussi, j'étais toujours sur mes genoux, en criant. Mais les surprises venaient de commencer ... À un moment précis, les yeux spirituels de Xavier avaient été ouverts depuis juste un instant et il avait vu que quelque chose d'<<anormal>> arrivait dans moi. Xavier avait vu qu'une tête venait de venir de ma propre tête et que cette nouvelle tête avait un visage de humanoid ... bien que, il n'ait pas l'air d'être humain du tout (?). Au lieu de cela le visage a ressemblé à ce d'un animal ou, pour être plus exact, d'un insecte géant (?).

La vérité est que Xavier a reconnu immédiatement qu'il y avait un esprit malfaisant à l'intérieur de moi. Le cher lecteur, j'étais <<possédé>> et je ne le savais pas, car je n'ai jamais accepté mes expériences spirituelles comme les expériences de vie réelle. Cela, d'une part, en raison de la faute de mon incrédulité exagérée et d'autre part, en raison de ma grande ignorance. Je crois que ce qui est arrivé est que l'entité qui était à l'intérieur de moi est devenue nerveuse. Le démon — dérangé et effrayé par la présence de Dieu dans cet endroit — avait poussé sa tête de moi comme si en essayant d'avoir un meilleur regard à ce qui continuait à l'extérieur de sa cachette et abri. Xavier, après avoir reconnu que j'étais le démon a possédé, est entré dans le grand cercle et a mis ses mains sur ma tête pour réprimander l'être des enfers. Aussi incroyable qu'il peut sonner au lecteur, au très immédiat que Xavier a légué sa main au haut de ma tête (la couronne), une série de tics incontrôlables a dépassé mon corps de la tête aux orteils. J'ai commencé à trembler et je ne pouvais pas me contrôler! Sans avoir un indice quant à ce qui continuait, je croyais que quelque chose était déjà arrivé mal à mon système nerveux. J'ai supposé que dans cette occasion, je n'avais pas été capable de tolérer le <<choc>> du fait d'écouter les voix dans mon oreille et que j'avais finalement une sorte de dépression nerveuse.

Dans une tentative de retrouver le calme, je m'approchais lentement d'un mur sur mes genoux pour essayer de m'y agripper et essayer de me contrôler. Mais mes efforts étaient inutiles. Le fait de se saisir du mur n'a pas aidé ma situation. J'ai essayé d'utiliser la raison, cependant, rien ne travaillait. À ce moment, ma situation était un peu précaire, ridicule et intolérable. J'ai continué à crier comme un enfant et maintenant mon corps entier avait des convulsions sans contrôle. Et, comme si ce n'était pas assez, à cette heure tardive de la nuit un orage électrique a commencé à tomber sur les alentours de la montagne où nous avons été localisés. Il a duré pas quand l'extérieur de la maison a commencé à être martelé en <<assourdissant>> tonnerre et foudre. Après juste un peu plus de minutes passées à côté, l'orage a été rejoint par une très forte pluie et un vent. Le vent féroce de la tempête — inexplicablement furieux — frappait fortement contre la maison, en le faisant pour trembler. Quelque chose d'autre qui m'a surpris à ce moment, qui était-il les fenêtres de la maison et les portes a commencé à être battue et on pourrait entendre des coups durs sur le toit de la maison (?). C'était comme si les gens violents fouettaient là-bas sur tous les côtés et accule la maison préfabriquée fragile faite de seulement le bois et du carton.

Pour ajouter l'insulte à la blessure et accomplir la scène, quand tout cela arrivait, j'ai soulevé mes yeux seulement pour voir Xavier crier dans mon visage ... Xavier me criait comme si j'étais aussi lointain qu'un bloc loin. Ses forts cris m'ont réprimandé et avec quelques mots dramatiques Xavier m'a adressé, en disant:

— De lui! Le démon, vous n'avez aucune partie dans la vie de cet homme! Il appartient à Jésus!

Je n'oublierai jamais une telle scène. J'ai été rendu perplexe. Tout a semblé fou. Rien n'avait du sens. Avais-je des hallucinations? Rêvais-je? Qu'est-ce qui arrivait ? Alors, je me suis demandé simplement:

— Xavier me crie-t-il?

— Pourquoi?

Je n'ai compris vraiment rien, nullement. C'était comme si je vivais une scène d'un film d'horreur ... et le problème a consisté en ce que j'étais la personne qui recevait la pire partie. Mais la nuit était jeune toujours et ce n'était pas encore fini. Cela avait été seulement le commencement, depuis qu'il allait devenir beaucoup plus mauvais pour moi ... La tension dans la pièce était palpable. Certaines personnes sont restées dévouées, en priant avec leurs yeux fermés.

Cependant, il y avait d'autres qui a semblé terrifié et se retournait simplement et je crois qu'ils ne savaient pas s'il faut rester ou plutôt se dépêcher de la maison. Certaines personnes autour de moi ont semblé extrêmement nerveuses. J'ai vu que quelques-uns d'entre eux avaient une sueur froide, parce que je pourrais voir des gouttes de sueur renversant le front et les temples d'un ou un autre individu. D'ici là, je m'agenouillais toujours, les pleurs et la secousse. Je n'avais même pas eu de minimum de succès dans le fait d'essayer de me lever à maintes reprises. Entre-temps, au beau milieu des renvois électriques massifs, la tempête a continué implacablement, en éclairant les grandes fenêtres du mobile home avec les grèves de foudre nombreuses et spectaculaires. Le son retentissant de chaque coup de tonnerre faisait la terre trembler, en nous permettant de savoir que la tempête était juste au-dessus de nous. Pour ce moment là, c'était déjà vers deux heures dimanche matin, mais les surprises n'étaient pas encore finies. Tout à coup et dans ce qui avait l'air d'être un acte complètement irrationnel à moi, sans surveiller la tempête à l'extérieur de la maison, Xavier a continué à ouvrir la porte d'entrée principale de la maison, en le quittant grand ouvert. Directement après cela, dans un ton grave et avec une voix de commandement, Xavier, qui a continué à crier dans mon visage, s'est exprimé dans la manière suivante:

155

— Démon! Jésus m'a dit que vous êtes chassé à cette seconde précise!

À ce point, solennel et plein de vie, Xavier a ajouté un mot prolongé … MAINTENANT!

Et quand il m'a crié ce mot, j'ai estimé qu'une rafale puissante de vent monte de ma poitrine, pour alors partir impétueusement partout dans la principale porte de la maison que Xavier lui-même avait ouverte. Aussitôt que cette rafale de vent est venue de moi et a quitté la maison, Xavier, tout à fait conscient de ce qui venait d'arriver, a fermé immédiatement la porte, le fait de le claquer s'est fermé avec un coup simple. Apparemment, le démon qui avait été à l'intérieur de moi est parti finalement. Quand cela — l'entité infernale — a quitté mon corps, j'ai estimé que mon cœur avait être déchiré littéralement de ma poitrine. La douleur était brutale et j'ai soulevé vite ma t-chemise, puisque je croyais que j'allais voir un trou dans ma poitrine.

Quand j'ai examiné mon corps, tout a semblé normal, au moins sur la surface de ma peau. Alors j'avais l'idée que mon cœur avait explosé à cause des nombreuses surprises que j'avais connues et je croyais que je vivais mes dernières secondes de vie sur la Terre. J'avoue que croire que mon cœur avait explosé était une hypothèse absurde sur ma partie.

Cependant, concernant le fait que j'avais peu de temps pour vivre, je me suis trompé pas ainsi parce que ce que j'étais sur le point de connaître me surprendrait ensuite encore une fois. La douleur incroyable dans ma poitrine ne s'arrêterait pas et à cause de cela je me tortillais dans la douleur au plancher. La douleur était si atroce et insupportable que j'ai voulu quitter la maison vite et demander l'aide et appeler une ambulance à ces petites heures du matin. Donc quand je pourrais, je suis arrivé finalement à mes pieds. Et en branlant comme un ivrogne pris de vertige après une nuit de fête, je me suis dépêché vers la porte de m'échapper là quand, subitement, j'ai reçu un <<coup>> pointu à la poitrine … L'impact était si fort et si brusque que je suis tombé sur la terre comme fraîchement l'arbre de réduction et je suis tombé à la renverse, le visage en haut. Et là, en mentant sur le plancher, j'ai tourné ma tête à tous les côtés et avec mes yeux ouverts très large, je me suis retourné pour voir qui m'avait frappé. Mon effroi initial s'est transformé en <<terreur>> quand je me suis rendu compte qu'aucun être humain ne m'avait touché … et je le savais, depuis que je n'avais vu personne me frapper. En mentant sur le plancher, j'ai fait une nouvelle tentative de me lever pour manquer de la maison et demander l'aide — mais quelque chose — m'a empêché de faire ainsi.

À ce moment, les yeux spirituels de Xavier ont été ouverts de nouveau et avec la meilleure clarté il était capable de voir le démon qui me harcelait. Xavier a dit que la créature a ressemblé à un arachnide énorme. Il m'a dit que cela diabolique m'étant surpassé dans la hauteur, depuis que c'étaient plus de sept pieds et demi grands (je mesure 5. 8 pieds). Et qu'être eu une coquille qui a semblé extrêmement dure et il avait la couleur polie noire brillante. La bête avait aussi une queue et une pique, aussi bien que six jambes auxquelles chacun a mis fin avec les griffes de concasseur. Avec ses pattes de derrière il s'est levé verticalement et a atteint le toit intérieur de la maison, qui a mesuré un petit peu plus de 7. 8 pieds dans la hauteur. De ces renseignements, je sais maintenant que le démon de haine est formé comme un scorpion ou comme autre type d'un animal inconnu. De la même façon, je sais aussi que ce répugnant étant des étreintes le cœur d'homme en utilisant ses nombreux membres et tenailles. Et avec le dard de sa queue il infecte le cœur humain avec le poison de vengeance et de haine. Il me semble que le démon de haine a une coquille blindée qui est spécialement durcie et il est renforcé comme ça pour ne jamais permettre à l'amour de le traverser. Le même esprit malfaisant qui avait été jeté de moi juste quelques minutes avait rendu maintenant d'avant commettre sa vengeance cruelle. Je ne voyais personne m'attaquer.

158

Néanmoins, quand j'ai essayé de me lever, je pourrais pas parce que, en utilisant ses extrémités multiples, que la créature diabolique avait attrapé mes mains et mes pieds. Ma peur a augmenté double parce que j'avais été quitté complètement impuissant et paralysé. Après m'avoir immobilisé, le démon a commencé à me frapper sur la poitrine. L'énorme — le scorpion infernal — avait un accident de sa lourde carapace contre moi et il le faisait à maintes reprises avec la grande fureur pour entrer dans mon corps, m'emménager encore une fois. Ses coups étaient si forts que je me suis senti comme si ma vie glissait de mes mains, aussi les fuites fumées entre les doigts. Et pendant un de beaucoup de ces impacts, j'ai fini par finalement perdre ma conscience. Cependant, cela n'avait pas fini ma souffrance. Le cauchemar venait de commencer …

CHAUSSÉE À L'ENFER

Quand j'ai ouvert mes yeux, je n'étais plus à l'intérieur de la maison de Lazarus. Ni j'étais à côté du groupe de prière plus. De la même manière, je n'avais plus aucun démon me battant sur la poitrine:

— à ma bonne chance —. Mais à ma malchance et continuer avec les surprises, je ne mentais pas aussi sur le plancher sur mon dos, en faisant face en haut et en regardant le plafond à l'intérieur de la maison. Au lieu de cela je faisais face maintenant à l'envers et carrément à l'entrée de ce qui avait l'air d'être — une fosse épouvantable obscure et macabre —. C'était un tunnel sinistre dont je ne pouvais pas voir le fond. Le trou a été formé par une obscurité <<funèbre>> qui a semblé absorber toute la lumière. La bouche de la fosse profonde avait une circonférence d'environ cent pieds dans le diamètre et je me suis trouvé seul et survolant de son entrée, aussi bien que je lévite au-dessus de cela. Je me suis débattu pour me rassurer. Maintenant plus que jamais je devais utiliser la logique. J'ai essayé une fois et de nouveau rationaliser ce qui était arrivé, mais c'était impossible, j'avais été dominé par la panique et la confusion. Il m'a pris quelque temps pour savoir ce qui arrivait et je ne pouvais pas le croire, comme était mon habitude. À ce moment, j'avais les pensées suivantes:

— Mais juste il y a un moment, je criais à l'intérieur d'une maison …

— Qu'est-ce qui est arrivé?

— Où suis-je maintenant?

— Pourrait-il être cela …?

— Non, non cela ne peut pas être …!

— Suis-je mort?

Et tristement, la réalité cruelle commençait à prendre la forme. Un changement que je remarque dans moi était que mon corps ne tremblait plus frénétiquement, ni je criais plus. Mon visage, mes yeux et ma t-chemise étaient <<secs>> des déchirures. Dans une manière semblable, je remarque que j'étais complètement conscient de tous mes sentiments. Je pourrais penser, l'haleine, me sentir, voir et entendre. Il est intéressant de noter que dès que l'esprit humain quitte son corps physique, il est difficile de distinguer la limite de ce qui est le corps matériel et ce qui est le corps spirituel. En soi, la différence est — en fait minimale —.

Dans le passage biblique dans la deuxième lettre aux Corinthiens dans le chapitre douze, l'Apôtre Paul donne un compte d'une séparation entre — le corps physique et le corps spirituel — qu'il lui-même a connu. Et il nous dit que quand il a été pris au troisième ciel, il lui-même n'était pas capable de discerner à ce moment s'il avait été pris à cette autre dimension dans son corps spirituel ou dans son corps matériel. Donc, j'avais toutes mes facultés et tous mes cognitifs, sensoriels et les capacités de locomotive (la capacité intellectuelle, perspicace et la mobilité du corps). Néanmoins, une chose que je ne pouvais pas faire a été enfuie de là parce que j'ai été soutenu comme si en lévitant dans l'air. En dépit de toute la lutte et du battement de jambe j'ai fait, je ne pouvais pas déplacer un pouce simple du centre de la fosse épouvantable noire immense qui a semblé se diriger directement vers le très propre centre de la Terre. Je me suis senti impuissant et inutile. Et maintenant, à qui pourrais-je tourner pour l'aide? Dans l'<<ombre>> des souvenirs de mon esprit, je croyais que je pourrais avoir été une meilleure personne — un meilleur fils, un frère et un ami —. Les souvenirs de ma vie passée me tourmentaient. Mais maintenant que pourrais-je faire? J'étais où j'étais, les choses ont consisté en ce comme ils étaient et pas puisque j'ai voulu qu'ils soient.

J'ai commencé à démissionner de moi-même à ma tragédie. Je me suis senti impuissant et vaincu. J'ai pensé que bien que dans la vie je me sois toujours cru une personne autosuffisante, j'étais rien qu'un humain de gringalet, sans force et sans tous pouvoirs spéciaux. Et ce qui était encore plus mauvais que cela est que maintenant — je même n'avais pas d'espoir à mieux moi-même ou changer n'importe quoi du tout —. Il m'a pris un peu de temps pour devenir pleinement conscient d'où j'étais, car je croyais que c'était tout un rêve, ou a dit mieux, un cauchemar. Néanmoins, ce maladaptive horrible rêvant (les rêves excessifs) n'était pas encore fini, quand je commençais lentement à couler dans la fosse. Petit à petit, mon corps descendait vers le fond du tunnel silencieux, sombre et ténébreux … Tout d'un coup, lointain, à peine perceptible sous le silence et a pris un bain dans une <<obscurité>> absolue, j'ai commencé à entendre des bruits. Nerveusement, j'ai prêté plus d'attention et ai arrêté de bouger. Mon angoisse déjà existante s'est transformée en terreur dérangée, parce que … En venant du fond du tunnel, j'ai commencé à entendre les cris de beaucoup de personnes! Il a semblé y avoir des milliers des gens là-bas en bas de la fosse. Les voix indiquées tellement. Les howlings étaient si horrifiants qu'il a sonné comme si les gens qui criaient étaient coupés dans la moitié avec une main rustique a vu fait couper un bois.

163

Plus bas je suis descendu, plus des lamentations ont augmenté. Les cris sont devenus plus grands et plus grands. J'ai commencé à bouger avec les mouvements brusques et éperdus de mes mains et pieds. J'ai voulu à la tige mon destin. J'ai voulu m'enfuir de là. J'ai voulu me réveiller de ce cauchemar. Je me suis pincé, Je me suis supprimé, j'ai mordu mes mains et mes avant-bras, mais tout que j'ai fait était inutile. Rien ne pourrait me réveiller de cette réalité horrible. J'ai continué à descendre à l'intérieur du tunnel de la grande fosse pour ce qui a semblé être — une éternité entière —. Et je suis resté à l'intérieur du trou assez longtemps penser que rien de ceci — n'était un rêve lucide ou un fruit d'une imagination vive —. Aussi, pour me faire se rendre compte qu'aussi triste et aussi incroyable qu'il m'a semblé, je n'étais plus dans le monde de la vie. Mais je n'atteignais pas toujours le fond de ce passage souterrain. Au lieu de cela je suis resté être suspendu dans le <<suspense>> et descendre avec la grande lenteur. Mais mais enfin, pourquoi étaient les cris là humains dans cet endroit? Qu'est-ce qui continuait là-bas? Ceux étaient des questions valides, mais je n'ai pas voulu apprendre les réponses en personne. Quand quelque temps avait passé et j'avais calmé un peu, je me suis souvenu que j'avais accepté Jésus quand j'étais vivant toujours sur la Terre.

164

Et ayant accompli ce saut de foi il y a quelques moments, quand j'étais toujours à l'intérieur de la maison de Lazarus, a allumé une étincelle d'espoir à l'intérieur de moi. Puisque je savais que cette fois j'avais accepté <<effectivement>> Christ avec tout mon cœur et avec un vrai repentir.

Et pendant que je survolais toujours la bouche d'enfer et sans même savoir si quelqu'un m'écouterait même, j'ai commencé à crier, réclamer et dire:

— Je n'appartiens pas à cet endroit!

— J'appartiens à Jésus!

— Quand j'étais sur la Terre, je me suis repenti!

Bien que, il n'y ait aucune réponse immédiate. Quand même, j'ai répété les mêmes cris pendant longtemps. Entre-temps, le hurlement j'ai entendu l'arrivée du fond du tunnel a continué à envoyer des fraîcheurs tout le long de ma colonne vertébrale et faire mes cheveux être à la fin.

CHAPITRE

13

UN NOUVEAU

ENDROIT

J'étais toujours à l'intérieur du tunnel au diable, quand j'ai été à la hâte interverti dans un différent monde, en me trouvant immédiatement ailleurs. Dans le corps spirituel, voyageant d'une région à un autre arrive extrêmement vite. C'est aussi fugitif que le clin d'œil parce que le corps spirituel n'est pas soumis aux lois physiques que nous savons communément. Maintenant j'étais dans un infiniment meilleur endroit, car j'étais parmi les nuages et j'étais libre. Je pourrais bouger et marcher, donc j'ai commencé à être envoyé pour la joie ! Ma mémoire, momentanément <<eclipse>> par la transposition rapide de dimensions, a retrouvé sa conscience de nouveau et m'a rendu conscient de mon nouvel état de vie. Et d'une façon ou d'une autre, je me suis rendu compte qu'ancienne nature que je savais du temps et de l'espace, n'a plus prédominé. Maintenant j'étais dans la zone de — aucun temps et dans le ciel —. Mais on peut demander, à que le ciel ressemble-t-il? Je le décrirai tout de suite … mais sa couleur ordinaire et bleu céleste intense.

Les nuages n'ont pas aussi montré une différente gamme que leur ton normal, un blanc qui a brillé avec la réflexion de la lumière. Au début, le royaume spirituel a semblé être identique au monde matériel. Mais d'une façon ou d'une autre, je savais et me suis rendu compte que je n'étais plus dans le monde physique terrestre dans lequel j'avais l'habitude de vivre. Il était exceptionnellement beau pour être dans cet endroit. La <<tranquillité>> et la paix ont trempé dans chaque coin de l'atmosphère. J'ai été passionné mais je me suis retenu un peu. Après qu'autrefois je suis devenu curieux, donc j'ai commencé à marcher sur les nuages. J'ai respiré profondément et ai bu dans l'humidité et la fraîcheur des nuages autour de moi. La promenade brève m'a fourni une vue spectaculaire de la nouvelle terre qui pourrait être vue sous le ciel. J'ai cherché le soleil, cependant, je ne pourrais pas l'a trouvé. Néanmoins, tout a été très bien allumé, comme si sous la pleine lumière d'un après-midi chaud et ensoleillé. Quelque chose qui m'a stupéfié également était que dans le ciel l'air n'est pas froid, ni chaud parce que l'air se règle à la température de corps de chaque personne individuelle. Ce que cela signifie, est que l'air est une crise parfaite pour chaque créature. J'ai aussi remarqué que le même air a semblé caresser mon visage, que je me suis senti comme si les mains fines faisaient passer mon visage quand le vent a soufflé vers moi.

Entre-temps, je marchais toujours sur les nuages et me retournais avec la surprise, en disant à moi-même:

— Hou la!

— Je suis mort!

— Comment agréable!

Et là j'étais quand, directement devant moi et environ trois cents pieds de distance, j'ai commencé à distinguer la silhouette de ce qui a semblé être un être humain. Quand la figure est venue plus près, je pourrais dire que c'était un caractère d'une hauteur considérable, habillée dans une longue robe et avançant par les nuages. L'apparition marchait vers moi à un pas modéré.

Combien grand était ma perplexité pour voir qui c'était …!

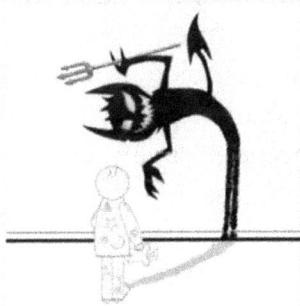

KiD

Vs

SATAN

save your soul from hell!

C'était Jésus!

Mais si le lecteur croit que j'ai connu la joie après la vue de lui, mon cher lecteur est très erroné parce que je pensais immédiatement:

— Oh, non!

— J'ai été apporté ici seulement pour être jugé!

— Il va me condamner pour tous mes méfaits sur la Terre!

— Je serai rendu à la fosse d'Enfer!

Et mes sentiments de jubilation étant dans le ciel n'ont pas duré longtemps parce que tout mon bonheur s'est transformé en peur. En ayant peur, j'ai commencé à trembler. Plus de Jesus Christ s'est approché de moi, plus j'ai tremblé avec la panique. À ce moment, j'avais dans mon esprit les expressions suivantes:

— Arrêtez-vous s'il vous plaît, ne venez pas chez moi!

— Je ne peux pas venir chez vous, j'ai trop de choses à fixer dans ma vie!

— Je ne suis pas prêt!

— Ayez la clémence!

— N'est pas mon temps encore!

Et quand toutes ces réflexions orageuses étaient envoyées de ma tête presque en même temps — aussi les rats fuyant d'un bateau coulant — Jésus était déjà devant moi, à peu près six pieds de distance. À cette distance, Christ a arrêté … Il a levé son bras gauche … et avec sa main gauche, il a montré son index vers moi. Je me suis senti comme si j'allais perdre connaissance. Je m'attendais à ce que le pire … une damnation éternelle ait été considéré comme allant de soi. Le jour de mon jugement était venu et maintenant j'attendais juste le verdict et la phrase. Mon cœur était dans ma gorge. Je gritted mes dents. Je ne pouvais pas respirer. J'ai ouvert mes yeux aussi larges que je pourrais. Et avec un nœud dans mon estomac, j'ai dit à moi-même:

— Appréciez les dernières ces secondes dans le ciel, car ils seront votre dernier.

— Sûrement, je serai baissé au diable aussi vite qu'une foudre, comme c'est arrivé avec le Satan (voir Luke 10:18).

Tous de ceux-ci différents de propositions et d'approches circulaient dans moi, quand après un silence dense, Jesus Christ a prononcé les mots suivants …

— Vous êtes encore un de mes gens …

Ses <<sept>> mots, prononcés dans un ton sincère et sans reproche, m'ont provoqué la plus grande joie de mon existence. J'ai estimé que j'ai retrouvé ma vie à cet instant et le soulagement m'a aidé à respirer de nouveau. Après cela, il a tendu ses bras. J'ai accepté son invitation et ai marché joyeusement vers lui. J'ai appuyé ma tête dans Jésus et appuyant contre sa poitrine, j'avais l'impression d'être un bébé. J'ai estimé que je venais d'être né et que j'étais dans les bras de mon progéniteur. Et je pourrais sentir la bonne volonté et la tendresse infinie qui peut émaner seulement d'un être plein de compassion. Et là … le fait d'écouter son battement de cœur, je pourrais sentir l'<<amour>> de Jesus Christ. Son amour … comme une force invisible que je ne pouvais pas voir, mais sentir seulement — il ressemble à une énergie — et cette énergie était majeure si qu'a rempli mon être. Et quand mon corps ne pouvait pas contenir une si grande énergie, j'ai estimé que cet amour passait par chaque pore de ce que je suis comme si c'était la radiation. Je pourrais estimer littéralement que cet amour avait un tel pouvoir grandiose, qu'en me traversant comme dans la forme de radiation, il a étendu et s'est dissipé vers l'Univers infini qui a été localisé derrière moi.

Oh, cet amour si plein de pouvoir! Si admirable, magnifique, incomparable et majestueux. Comme ça sans limites, est l'amour de Dieu. Il me semble que j'ai connu la même chose que l'Apôtre Paul a faite quand il a été pris au ciel il y a presque deux mille ans. Je fais allusion toujours à l'expérience que Saint Paul lui-même parle de dans la deuxième lettre aux Corinthiens, dans le chapitre douze. Le frère Paul parle de la même façon de cet amour <<puissant>> de Dieu et essaie aussi de le décrire en partageant avec nous les mots suivants:

Romains 8:38-39. Oui, je suis SÛR que RIEN NE PEUT SÉPARER les Etats-Unis DE la mort LOVE—not de DIEU, la vie, les anges ou les spiritueux dirigeants. Je suis sûr que rien maintenant, rien dans l'avenir, aucun pouvoir, rien au-dessus de nous ou rien au-dessous d'us—nothing dans le tout n'a créé world—will jamais être capable

Les parents, les frères dans la foi, les amis et les lecteurs … est-ce que Dieu ne sont pas beaux et généreux? Regardez combien fait Dieu nous aime! Mais enfin, le fait de parler de la beauté de Dieu, peut-être quelqu'un demandera, comment fait Jésus ressemble?

Très bien, je le décrirai ensuite …

173

Jesus Christ est grand, environ 6. 3 pieds dans la hauteur. Sa peau est blanche et j'ai aussi noté que son corps a d'un moyen d'expression construisent. Ses cheveux sont la couleur de vingt-quatre carats d'or. Si vous avez de l'or devant vous, demandez si ce sont 24 carats d'or. Si c'est ainsi, donc vous voyez la couleur des cheveux de Jésus — le Rédempteur d'âmes —. Il sépare ses cheveux dans le milieu. Ses cheveux sont droits et longs et le long de ses cheveux fait une petite courbure puisqu'il atteint ses épaules et en arrière. Sa majesté à ce moment était simple, mais étourdissante parce qu'il n'a pas porté la bijouterie, ou les anneaux ou les couronnes. Il n'a pas fait des titres tenus, ou des épées ou des boucliers. Il même n'avait pas d'escorte. Il a marché seul, couvert avec une cape simple et simple et pas même sa robe avait des décorations ou la broderie sophistiquée portée par toute redevance. Sa tunique lisse, blanche a regardé comme si elle n'avait pas semble, les ceintures, les emblèmes ou les symboles. Sa cape était depuis longtemps, mais pas aussi allongée que de couvrir l'intégralité de ses mains et pieds. Jésus a marché heureusement pieds nus par les nuages. J'ai touché ses mains et quand je me suis appuyé sur sa poitrine, j'ai été passionné quand j'ai regardé son visage.

Néanmoins, je ne peux pas me souvenir de son visage — je ne sais pas pourquoi — et c'est la raison pourquoi je ne peux pas le décrire dans cette compilation courte de souvenirs. Il est important d'ajouter que si sur la Terre vous devez regarder vos pensées — vous devez aussi faire ainsi dans le ciel —. J'ai fait une erreur dans la pensée pendant que dans le ciel et un être invisible n'a pas pris plus qu'une seconde pour me corriger. Et comme je ne veux pas faire de cette édition un <<mystère>>, je vous dirai ce qui est arrivé ... Quand je posais sur la poitrine de Jésus et ai passionné je regardais son visage, je pensais:

— Je n'aime pas cet homme. Plus probablement …

— J'aime cet homme !

Mais un <<résidu>> de mon appartenance subconsciente à mon ancienne nature humaine m'a trahi. Subitement mon esprit avait des doutes. À cause de cela, j'ai vraiment réexaminé ma dernière pensée. Donc je pensais depuis une deuxième fois:

— Attendez une minute … si je suis amoureux de cet homme … suis-je un homosexuel?

À ce point, j'avais immédiatement cette autre pensée:

— Oh pas, mon Dieu! N'ajoutez pas s'il vous plaît que je suis attiré aux hommes à la longue liste de choses que je dois déjà fixer dans ma vie!

Et cela avait été seulement d'une fraction d'une seconde après ma dernière pensée, quand certains invisibles m'étant corrigé. Une voix audible a prononcé dans mon oreille droite, avec un peu de cri de reproche:

— Non!
— Cet amour est pur, sans tache ou ride!

Ensuite, déjà avec la permission de cet être invisible, étonné, j'ai <<adore>> Jesus Christ pas seulement avec mes yeux, mais aussi avec tout mon cœur. À ce moment, je ne pouvais pas voir qui avait dit une telle chose. Cependant, quelques mois plus tard et pendant une autre expérience j'avais, j'ai appris que l'Esprit Saint a le pouvoir de parler et aux humains de reproche. Et il peut le faire — même avec une voix audible — s'il croit qu'il est convenable de faire ainsi. Malheureusement, je ne suis pas resté dans le ciel avec Jésus. Comme j'avais atteint subitement le ciel, j'ai été interverti en arrière à mon corps physique dans une ouverture et une fermeture des yeux.

Mon corps de gloire et de victoire sur la mort, est devenu encore une fois un corps de déchirures, sanglots et déplorer. Et sur un nouveau compte j'étais à l'intérieur de la maison de Lazarus avec Veronica, Theresa, Xavier et mes autres frères dans la foi. Quand j'ai ouvert mes yeux, je mentais toujours sur le plancher, en faisant face en haut et en regardant vers le plafond, qui a porté une couleur crème claire fade. Mais au moins le scorpion infernal gigantesque qui me harcelait et battait est déjà parti. Finalement, je pourrais me tenir debout sur mes pieds sans être battu en haut plus. Néanmoins, aussitôt que je me suis trouvé le fait de se lever, Xavier m'a ordonné de lire la Bible. J'ai refusé catégoriquement. Puisque, en plus du fait que je ne connaissais pas le moindre désir de lire, je ne me suis senti de toute façon <<capable>> de lecture, absolument rien. Je pleurais toujours des seaux et mon corps entier a continué à trembler de ma tête à mes orteils. Je ne pouvais pas préciser toujours ce qui continuait et ma ruine physique était totale. J'ai continué de crier et trembler depuis trois jours consécutifs. La douleur sur mon cœur était si majeure que la maladie dans ma poitrine a duré trois longs mois (je fournis ces renseignements pour que le lecteur de ce livre puisse imaginer la situation précaire par laquelle je passais en ce moment-là).

D'ici là c'étaient environ trois trente le matin le même dimanche et bien que j'aie une révélation divine de Jesus Christ, Ciel et de la porte qui mène au diable — je ne me reposais pas dans un lit de roses —. Tout était déconcertant, pénible, anguishing et plein de la souffrance pour moi. Malgré tout, Xavier a exigé fortement que je devais lire (parce qu'il était commandé par l'Esprit Saint). Donc, il a tenu mes mains et a placé la Bible sur les deux de mes paumes. Alors, Xavier a dit instamment:

— Vous devez lire! — Vous ne serez pas complètement libéré si vous ne lisez pas maintenant!

— Vous devez le faire vraiment!

C'était formidable dur pour moi pour simplement tenir le livre sacré parce que les deux de mes mains tremblaient frénétiquement. J'ai estimé que mes yeux ont été gonflés des pleurs et ma vision était pleine toujours des déchirures et si je pourrais voir à peine la figure de Xavier devant moi … Comment Xavier a-t-il voulu que j'aie lu les lettres miniscule d'une Bible? Mais j'ai essayé et quand j'ai ouvert la Bible, les pages du livre fait passer par eux-mêmes d'un endroit à un autre, en m'arrêtant finalement au livre de Psaumes, les chapitres cinquante-cinq à cinquante-sept.

Ces Psaumes sont ressortis au-dessus du reste des Saintes Écritures comme si illuminé par une lumière sombre et j'ai concentré mes efforts sur le fait d'essayer de lire ces Saintes Écritures en particulier. Ma stupéfaction était que quand j'ai commencé à lire ces manuscrits, j'ai estimé qu'ils m'ont donné une force <<special>> dans moi. Ces écritures anciennes qui étaient des milliers d'ans, aussi incroyables qu'il peut sembler — ont raconté mon expérience de vie et de mort — que je venais de traverser quelques minutes plus tôt. Au moins c'est comme ça que je l'ai compris, depuis que la Sainte Écriture a rattaché <<spécifiquement>> mi la souffrance et mon angoisse sur cette nuit. La Bible m'a consolé et j'ai estimé que Dieu lui-même me parlait par son mot. Dans les pages suivantes, j'écris la partie de ces Psaumes et j'accentue les mots et les vers que j'ai compris parlaient de ma situation particulière.

Psaume 55:

1-Dieu, écoute ma prière. NE PAS IGNORE MON CRY POUR L'AIDE.

2-Ecoutez et répondez-moi. Permettez-moi de vous parler et de vous dire ce qui me dérange.

3-MY ENEMIES me crie et me SOUFFIEZ. Dans leur enfance, ils m'attaquent. ILS TRAITENT DES PROBLÈMES CRASHING SUR MOI.

4-MY HEART EST DISPONIBLE À L'INTÉRIEUR DE MOI. JE SUIS FAIT DE MORIR.

5-JE SUIS TREMBLING WITH FEAR. JE SUIS TERRIFIÉ!

6-Oh, je désire avoir des ailes comme une colombe. J'avais besoin d'un endroit pour me reposer.

7- J'allais dans le désert et je reste là.

8-Je serais éloigné.

9-MON SEJOUR, confondre leurs paroles et ARRÊTER LEURS PLANS. Je vois beaucoup de cruauté et de combats dans cette ville.

16 - JE DEMANDER À DIEU POUR L'AIDE, et le Seigneur va me sauver.

17-Je parle à Dieu matin, midi et nuit. Je lui dis ce qui me dérange, et il m'écoute! 18 - J'ai combattu dans de nombreuses batailles, mais il m'a toujours sauvé et m'a rappelé en toute sécurité.

Psaume 56 :

1-Dieu, les gens m'ont attaqué, soyez miséricordieux envers moi.

Ils me poursuivent toute la journée, me mettant à l'attaque pour m'attaquer.

2-Mes ennemis me rencontrent constamment. Il y a trop de combattants à compter.

3-Quand j'ai peur, j'ai confiance en vous.

4-Je fais confiance à Dieu, donc je n'ai pas peur de ce que les gens peuvent me faire!

5-Mes ennemis font toujours des plans contre moi. 6-Ils se cachent ensemble et regardent tous les mouvements que je fais, en espérant pouvoir me tuer.

7-Dieu, les envoie à cause des mauvaises choses qu'ils ont faites. Montrez votre colère et vaincre ces personnes.

8-Vous savez que je suis très contrarié. Vous savez combien j'ai pleuré. Vous avez sûrement gardé et rendu compte de toutes mes larmes.

9-Je sais que lorsque je demande de l'aide, mes ennemis se tournent et courent. Je le sais parce que Dieu est avec moi!

10-Je loue Dieu pour sa promesse.

11-Je fais confiance à Dieu, donc je n'ai pas peur de ce que les gens peuvent me faire!

12-Dieu, je garderai les promesses spéciales que je vous ai faites. Je vais vous donner mon offre de remerciement.

13-Vous m'avez sauvé de la mort. Vous m'avez empêché d'être vaincu. Donc, je vais vous servir dans la lumière que seul le vivant peut voir.

Psaumes 57:

1-DIEU, soyez miséricordieux envers moi. Soyez gentils parce que mon âme se confie en vous. JE SUIS À LA PROTECTION, pendant que le problème passe.

2-JE PRIE À DIEU LE PLUS HAUT POUR L'AIDE, et il prend soin de moi complètement!

3-FROM HEAVEN il m'aide et me sauve. DIEU restera fidèle à moi et ENVOYERA SON AMOUR POUR PROTÉGER MOI.

4-MY LIFE EST EN DANGER. Mes ennemis sont tout autour de moi. Ils sont comme des lions qui mangent des hommes,

6-MY ENEMIES SET A TRAP pour mes paires pour me rapprocher. ILS SONT DIFFICULTÉS POUR ME CAPTURER,

J'ai lu ces Psaumes à plusieurs reprises et ce mot écrit m'a donné la paix intérieure. Enfin la tempête s'est arrêtée. La pluie et la foudre ont cessé et après encore 2 heures le jour a commencé à briller et scintiller. J'ai vu les premiers rayons du soleil suinter par les fenêtres de la maison et je me suis senti plus confiant avec l'aube du nouveau jour. Comme à environ 5 a. m. , J'ai arrêté la lecture répétitive et ai épuisé, s'est endormi. Après une heure et demie, je me suis réveillé, mais mon corps n'a pas arrêté de trembler, je ne pourrais non plus arrêter de crier. Effrayé aux profondeurs de mon âme par ce qui m'était arrivé cette nuit, je suis allé chercher les pasteurs pour demander l'aide.

CHAPITRE

14

LE FEU DU CIEL

C'était dimanche et très tôt le matin où j'ai frappé sur la porte des pasteurs. Ils étaient les gens qui se sont montrés à la hauteur tôt prient et d'ici là ils étaient larges éveillé. Le frère David et la Sœur Priscilla m'ont fait l'attention immédiate. En criant et les sanglots, je leur ai dit de ce qui venait de m'arriver et ils m'ont compris — je pense —. Je leur ai demandé de prier pour moi parce que je me suis senti comme si je connaissais très la condition de santé de critique. Il était si mauvais que je croyais que j'allais mourir de nouveau. J'ai demandé aux pasteurs:

— Pourquoi je ne peux pas arrêter de crier?

— Pourquoi mon corps ne peut pas arrêter de trembler?

— Ce que cela m'arrive?

Ils n'avaient pas des réponses immédiates pour moi. Néanmoins, ils ont accepté de prier pour moi et nous sommes allés prier à l'intérieur de l'église miniature dans la maison principale de la retraite.

Après avoir été dans la prière pour environ la demi-heure, les frères qui avaient prié avec nous samedi et aux premières heures de dimanche ont commencé à arriver. Il n'a pas pris longtemps avant Veronica, Theresa et Xavier sont aussi arrivés et un grand groupe de prière a été formé de nouveau. Ce ne serait pas une heure dans la prière de groupe avant quelque chose de magnifique arrivé de nouveau parce que … L'esprit Saint est tombé dans l'endroit! Et la folie a commencé dès le début! Alors la situation est devenue chaotique. Certains frères sont tombés sur la terre comme les planches, comme s'ils s'étaient évanouis. Certains ont crié. D'autres tremblaient. Encore quatre personnes ont parlé une langue que je ne pouvais pas comprendre. De plus, j'ai vu Xavier être envoyé et dire à plusieurs reprises:

— Je brûle, je brûle!

Et Xavier était envoyé et s'est dégagé autour de comme si en voulant secouer quelque chose que personne d'autre ne pourrait voir. Sur ma partie, je me suis trouvé m'agenouillant au plancher, en me sentant comme si un courant électrique puissant m'avait repris. Cette électricité, qui a semblé être des milliers de volts, est venue et est allée — comme une vague de la mer — courant de ma tête à mes orteils dans une oscillation constante.

C'était un pouvoir stupéfiant, mais loin de me sentir confortable, je me suis senti comme si j'allais exploser et que je mourrais de nouveau. Cette fois la folie avait été collective. Chacun a connu autre chose à ce moment. Et cette fois qui pourrais-je tourner pour demander l'aide si nous tous étions dans la même situation? À cela, j'ai entendu le son des <<sirens>> d'une ambulance au loin, mais je croyais que le bruit d'alarme était toute la partie de la démence que nous tous connaissions. Ce qui surprend j'ai senti quand … un camion de feu est arrivé à Mont Carmel! Ce qui était arrivé était que les voisins des régions environnantes avaient vu que le toit de la maison où nous priions a été englouti dans les flammes. Les voisins, en croyant que la maison brûlait, appelé les sapeurs-pompiers. Donc, les pompiers sont arrivés et ont cherché le feu littéral pour étancher — mais le feu était spirituel dans la nature —. Les pompiers, en ne trouvant aucun feu physique et en n'étant pas capable de comprendre ce qui arrivait dans cet endroit, quitté immédiatement. Et de cette expérience extraordinaire vient le quatrième pas chez Dieu sachant et économie de votre âme …

4

QUATRIÈME ÉTAPE POUR SAUVER

ÂME

Le quatrième pas et le dernier pas à sauver votre âme sont — Recherchent le baptême dans l'Esprit Saint. Si vous avez accepté Jesus Christ avec tout votre cœur et ensuite immédiatement vous mourez après avoir fait cet acte de foi — vous allez au Ciel —. Cependant, si Dieu vous donne la permission de vivre encore un jour après avoir accepté Jésus puisque votre seul Seigneur et Sauveur … recherchent le baptême dans l'Esprit Saint avec toute votre force ! Recherchez sa plénitude et ampleur !

Comme vous désirez de l'eau quand vous avez soif. Comme vous cherchez la survie lui-même … le recherchent.

Ne vous laissez pas vivant dans la pauvreté spirituelle. Maintenant, du baptême dans l'Esprit Saint, la Bible expose la chose suivante:

Luke 3:16. John a dit, "Je baptise juste avec l'eau. Mais quelqu'un plus vigoureux va venir et je ne suis même pas assez bon pour défaire ses sandales. IL VOUS BAPTISERA avec l'ESPRIT SAINT et avec le feu.

Cette Sainte Écriture est de Jean le Baptiste prophétisant que Jésus est celui qui baptise avec l'Esprit Saint. Le vers suivant nous dit de la merveille de l'union spirituelle avec Dieu.

Romains 8:16. Et l'Esprit lui-même parle à nos spiritueux et RENDEZ les Etats-Unis SÛRS que nous sommes les enfants de Dieu.

Dans ce paragraphe le mot l'<<Esprit>> écrit avec une majuscule signifie l'Esprit de Dieu et l'esprit de mot avec une lettre minuscule symbolise l'esprit d'homme. Donc, l'Esprit de Dieu est uni à l'esprit d'un être humain dans le baptême avec l'Esprit Saint. Pour cette raison — ce n'est pas peut-être ou peut-être — l'individu qui a été baptisé par l'Esprit Saint, sait, discerne et est à 100 pour cent sûr qu'il est un citoyen <<légitime>> du Royaume Céleste. Et probablement quelqu'un peut se demander, comment puis-je recevoir de la même façon le baptême dans l'Esprit Saint?

Bien, nous (Veronica, Theresa, Xavier et I) l'avons reçu par la prière, le jeûne et par la pose des mains. La Bible nous donne aussi des renseignements quant à la façon comment l'obtenir. Permettez-nous de regarder.

Actes 8:15. Quand Peter et John sont arrivés , ILS ont PRIÉ pour les croyants de Samaritan POUR RECEVOIR l'Esprit Saint.

Actes 8:17. Peter et John ont PLACÉ alors LEURS MAINS sur chacun qui avait la foi en Seigneur et on LEUR A DONNÉ l'Esprit Saint.

Ici nous pouvons voir que le baptême dans l'Esprit Saint est cherché dans la prière et aussi par la pose de mains des frères dans Christ qui ont <<déjà>> l'Esprit Saint dans eux. Néanmoins, dans d'autres cas le baptême dans l'Esprit Saint peut aussi tomber sur les gens qui écoutent la prédication des discours par ces frères qui ont aussi <<déjà>> l'Esprit Saint à l'intérieur d'eux. Cela peut être lu dans le livre d'actes, chapitre dix avec le vers quarante-quatre et dans le chapitre onze, avec la ligne quinze. En d'autres termes — les gens de Dieu donnent parce qu'ils ont —. Si vous n'avez jamais entendu rien comme cela, vous n'êtes pas seul, puisque la religion a supervisé la dissimulation de ce fait très bien.

Quand la manifestation de l'Esprit Saint a fini, chacun dans la retraite n'a pas cessé de parler de ce que nous avions tous connu et donc nous avons passé le reste du jour en parlant des merveilles de Dieu. Finalement, le Frère Manuel est revenu pour nous et nous sommes revenus à Santa Ana ce même dimanche soir. Une fois à la maison, je suis resté fermé dans ma pièce jusqu'à mardi parce que je passais ce temps en criant et en tremblant. Nous avions rencontrent tant d'expériences surnaturelles à Mont Carmel dans juste un week-end que j'ai été <<étonné>> et n'étais capable toujours pas de me rétablir. Quand je me suis senti mieux finalement, j'ai commencé à assister à l'église chaque jour du service et j'étais présent dans la compagnie de Veronica, Theresa et Xavier. Le cher lecteur, c'est une histoire avec une fin heureuse.

Mon cousin avait été guéri ce même week-end lors de la retraite. Cependant, depuis trois jours consécutifs Theresa ne pouvait pas parler espagnol parce qu'elle était un des gens qui ont appris à parler dans les langues étranges pendant le baptême dans l'Esprit Saint. Aussi, une autre chose étrange qu'elle a connue consiste en ce qu'elle ne pouvait pas écrire en espagnol depuis plusieurs jours. Au lieu de cela elle a écrit des pages entières de symboles étranges dont nous ne pouvions jamais déchiffrer le sens.

De toute façon, Theresa a semblé heureuse et radieuse et depuis ce jour jusqu'à notre ce jour, elle a été sans ses charmes s'évanouissant et les autres problèmes qu'elle avait connus qui étaient spirituels dans la nature. Theresa et Xavier se sont mariés plus tard et maintenant ils vivent heureusement avec leurs deux enfants dans la Rive, Californie. Ma sœur Veronica s'est aussi mariée et elle vit également heureux avec son mari et enfants à San Diego, Californie.

Je ne me mariais pas toujours et jusqu'à présent je me suis consacré à être un membre régulier d'une église et du fait de vivre à San Diego, Californie. Pour maintenant, j'ai des plans d'étendre les bonnes nouvelles de salut et j'espère faire ainsi, en partie, avec l'aide de ce livre. À propos, mon mantra pendant cette période actuelle de ma vie est:

— Vies de Dieu!

CHAPITRE
15
NOTES FINALES

Ici dans cette section j'écris de quelques choses que j'ai appris pendant ma vie comme un chrétien. J'espère que ces annotations brèves que j'ai assimilées de ma vie chrétienne et de la Bible peuvent être utiles dans votre propre vie comme un disciple fidèle de Jesus Christ.

EXORCISME
ET
GUÉRISON DE MIRACLE

J'avais quinze ans quand un démon a frappé et a blessé mon estomac. Ce que je n'ai pas raconté est que mon martyre du fait d'avoir cette blessure sur mon corps a duré sept longues années. Donc c'était une longue période de lamentation constante, douleur lancinante et crampes dans mes intestins. Mais un jour où j'avais vingt-deux ans, Jésus m'a guéri miraculeusement. Pour ce moment là, deux ans avaient déjà passé depuis tout que nous avions connu lors de la retraite de Mont Carmel. Et c'est comment c'est arrivé …

La recherche la guérison miraculeuse pour le problème que j'avais dans mon estomac, un jour j'ai assisté à une campagne de — la guérison divine — auquel on tenait à une église appelée le Temple de Calvaire localisé dans Santa Ana, Californie. La campagne a duré trois jours et même si beaucoup de personnes ont témoigné d'avoir guéri pendant la campagne, je moi-même n'ai pas guéri. Néanmoins, quand la campagne a fini, avant de dire au revoir que le pasteur a conseillé à la congrégation réunie là, en disant:

— Si vous n'avez pas guéri pendant cette campagne, n'inquiétez pas, déclarez votre guérison comme fait.

— Possédez votre guérison.

— Cela va être votre médecine … dorénavant, même si vous sentez la maladie qui vous afflige, déclarez que vous êtes en bonne santé et exigez que vous êtes en bonne santé jusqu'à ce que votre santé vienne.

À propos, le pasteur de cette campagne était l'évangélisateur de frère Roy de Garza. J'ai pris le conseil avec la bonne grâce et après avoir déclaré ma guérison tous les jours depuis environ deux mois directement, j'atteste par écrit que Jésus Christ m'avait guéri miraculeusement.

Immédiatement, je raconterai comment c'est venu pour être … Après avoir proclamé ma guérison, comme j'ai fait chaque soir, une nuit j'ai dormi. Pendant qu'endormi, j'ai vu que Jésus était entré dans ma pièce et je pourrais penser seulement à ce moment:

— La guérison de Dieu est arrivée!

Aussitôt que Christ est entré en possession de ma pièce, il s'est penché à mon côté et a inséré ses deux mains dans mon estomac, en déplaçant mes intestins. De cette manière, il a <<réparé>> le dommage que le démon avait provoqué. Mon corps physique ne pouvait pas se réveiller parce que j'avais plongé dans du sommeil profond, mais avec mes yeux spirituels j'étais capable de voir ce qui est arrivé. J'ai réussi à voir et avoir l'impression que ses mains entrent dans mon estomac et je pourrais sentir comment il a déplacé mes intestins en travers. La bonne chose consiste en ce que je n'ai senti aucune douleur pendant cette chirurgie divine et à partir de ce jour jusqu'à ce qu'aujourd'hui je n'aie été en bonne santé, à la gloire de Dieu, évidemment. Il me semble que je comprends maintenant ce qui est arrivé à Adam dans l'histoire biblique dans le livre de Genèse, le chapitre deux, avec le vers vingt et un, quand Dieu a pris une des côtes d'Adam pour créer la femme.

Adam a vu tout qui était arrivé, mais il ne pouvait pas se réveiller, car dans lui un sommeil profond était tombé. Cependant, son corps spirituel était éveillé et pour cette raison il savait tout qui était arrivé parce qu'Adam n'avait pas encore péché et avait toujours la pleine communion spirituelle avec Dieu. Pourtant, j'ose dire que vous devez faire attention à toutes les guérisons miraculeuses. Mais … pourquoi dis-je ainsi, le lecteur peut demander? Je dis de telles choses parce que la personne qui a été miraculeusement guérie ou qui a été libéré de la possession de méchants spiritueux sera testée. Puisque après que j'ai été guéri par Dieu, j'ai été immédiatement attaqué par les dards enflammés de Satan appelé le <<doute>>. Ce qui m'est arrivé était que très souvent je donnais un assez fort serrement de cœur dans le nombril. Néanmoins, je me suis opposé à mes symptômes disant à moi-même:

— Je ne suis pas malade pour Jésus m'a guéri!

L'action de cela m'a gardé en bonne santé parce que je n'ai pas accepté la maladie en arrière dans mon corps. Il est important d'en parler parce que le démon veut toujours semer le doute dans le cœur humain. Quand quelqu'un guérit miraculeusement, le méchant ange Lucifer rend donner un dard ou un coup à cette personne, aussi si la maladie originale était revenue, mais c'est tout un mensonge.

Le Satan le fait pour évaluer — si l'individu croit vraiment — dans la guérison de Dieu ou dans Sa délivrance divine. Le doute ressemble à une épée à double tranchant dans les mains de Satan et il utilise cette arme très habilement dans la manière suivante. Pour commencer, il frappe la personne avec le premier bord de l'épée. Cette attaque initiale est une invitation de sortes pour douter. Si la personne cède et croit que les symptômes de la maladie sont revenus, il est certain presque que la maladie sera remise dans l'individu. Cependant, ce n'est pas fait par Dieu, mais par le Satan lui-même. Après cela, pour accomplir son attaque et avec toute la rage du monde, le démon tourne l'épée et donne un deuxième coup.

À ce point, les retours de condition mais maintenant l'état dernier de la personne peut être plus affreux que son état de maladie étaient au commencement. Je le mentionne à cause ce qui est écrit dans le livre de chapitre de Matthew douze, avec les vers quarante-trois à quarante-cinq. Depuis, selon cet enseignement, la condition ultime de l'individu peut se détériorer par jusqu'à sept fois. Le truc au séjour en bonne santé ou libre après une intervention divine par Dieu ne doit pas donner d'occasion au démon. Le chrétien doit être un — le croyant ferme — dans que ce que Dieu a fait, il l'a bien fait.

Quand Dieu guérit miraculeusement quelqu'un, ou quand il libère quelqu'un du joug de démons, peu importe avec lequel font adhérer cela a été … prennent garde aux dards enflammés de Satan!

C'est parce que le prince d'Obscurité ne va pas se tenir debout là, en traversant ses bras et en regardant comment la personne apprécie le miracle que Dieu a exécuté dans sa vie. Donc, il est nécessaire de faire puisqu'il est sagement mis par écrit dans le livre de James:

James 4:7. Donnez-vous ainsi à Dieu. L'ÉVENTAIRE CONTRE le démon et IL S'ENFUIRA de vous.

De plus, en plus de la résistance au doute que le Satan veut << avec force>> s'imposer sur la personne, c'est recommandé pour le croyant à — se couvrent avec l'armure de Dieu — à une base quotidienne. Tous ces renseignements sur l'armure spirituelle peuvent être trouvés dans la lettre de Saint Paul au chapitre d'Ephesians six, avec les vers de dix à dix-huit. De la même façon, je conseille au nouveau croyant de rester dans la communion avec les frères dans la foi, en visitant l'église chaque jour du service. Cette voie de vous garderez la victoire que Dieu vous a déjà donnée.

DIEU SAIT VOTRE AVENIR

Un de nombreux Dieu de titres a est
<<omniscient>>. Ce mot signifie qu'Il sait tout.
Avec cela en tête, si Dieu sait tout, alors il sait le
passé, le présent et ce qui arrivera dans l'avenir.
Comme le lecteur peut dire de ce qui a été lu dans
un chapitre passé de ce livre, Dieu savait que je
mourrais et que j'irais au diable si je ne me suis
pas repenti de toutes mes iniquités. Pour cette
raison — l'Esprit Saint a insisté avec les cris dans
mon oreille — parce que Jésus sait que notre
destin dans la désobéissance au Père Céleste est
seulement la mort. La Bible est <<emballée>> du
début à la fin avec les histoires de comment la
connaissance de Dieu de l'avenir — les gens
alertés — pour les aider à préserver leurs vies.
Cependant, il est important de le rendre connu
que Dieu peut nous prévenir seulement. Il ne
prendra pas la décision pour nous. C'est parce
que Dieu veut respecter notre souverain va. Car il
nous a déjà donné le <<pouvoir>> de faire nos
propres jugements et prendre nos propres
décisions.

POURQUOI JEÛNE?

La chaque fois nous sommes allés à la retraite,
nous sommes entrés dans le jeûne complet et la
prière.

Nous n'avons pas bu d'eau, nous n'avons non plus mangé du pain, pendant que nous sommes restés à l'intérieur de l'endroit. Le jeûne est très important parce qu'il nous fait <<un>> avec Dieu. Comme les mois ont passé, j'ai appris que le jeûne sert le but de s'unir — notre corps physique avec notre corps spirituel et notre âme — comme s'ils étaient un corps simple pour pousser des cris à Dieu. L'esprit d'homme est toujours prêt à chercher Dieu et il ressemble à une étincelle intérieure à l'intérieur de l'être humain. L'esprit humain peut se faire avoir l'impression que la conscience intérieure ou le pressentiment qui nous dit cela est temps chercher notre Créateur de Père. Pas ainsi notre corps physique. La plupart du temps notre chair n'est pas dans sa meilleure disposition pour chercher la spiritualité. C'est parce que notre corps matériel est faible et cela se sent inconfortable parce qu'il souffre de toutes les sortes de besoins. De la même manière, notre âme (la personnalité et l'esprit) pense toujours à d'autres choses et il est très facile d'être distrait par toute insignifiance ou banalité.

Que nous accomplissions cette unité pour rechercher Dieu est indispensable. Puisque quand cette union est atteinte, c'est quand plus de choses surnaturelles commencent à arriver dans nos vies. Permettez-nous de regarder ce qui est écrit dans la Bible dans la citation suivante:

Matthew 15:8. "Tous d'entre vous me louent avec vos mots, mais VOUS ME PENSEZ JAMAIS vraiment.

Ici nous pouvons voir que Dieu se plaint d'être là aucune unité dans l'être humain pour le rechercher avec <<tous>> notre être. L'atteinte de cette union est extrêmement importante. C'est parce que quand une personne accomplit l'unité avec lui-même pour chercher Dieu, l'individu réalise aussi une fusion avec Dieu lui-même. Comme un exemple de cela, nous pouvons voir que Jésus a cherché l' <<unification>> avec le Père à tout moment.

La Bible nous dit que Christ a continué à chercher Dieu dans la prière très tôt le matin, même avant que le soleil est monté. Il est aussi écrit cet un jour même, Jésus a jeûné depuis quarante jours dans l'étendue sauvage, en cherchant cette même union. Une autre chose qui arrive avec cette affaire d'unité consiste en ce que quand nous devenons un avec Dieu — nous nous écartons vraiment —. Puisque, quand nous devenons un avec Christ, il sera toujours plus grand et nous lui permettons de se grossir dans nous.

Il n'est pas écrit dans John 3:30 qu'Il doit augmenter dans l'importance, pendant que je deviens moins important ?

Cela a été dit par Jean le Baptiste, en reconnaissant qu'il devait permettre à Jésus de prendre les dirigeants du groupe de Juifs qui ont attendu le remboursement des gens israélites. Pour nous les chrétiens, ces mots embauchent un sens spirituel.

LE ROYAUME CÉLESTE

Le lecteur estimé, ce que vous avez lu jusqu'à présent doit vous montrer que vous pouvez voir ce monde dans lequel vous vivez d'une différente perspective. Si après ce que vous vous avez déjà lus doutent toujours de l'existence de Ciel ou d'Enfer, je comprends, car c'est difficile pour vous à croire. Le fait d'avoir le doute n'est pas un mauvais début, parce que le doute fait partie de la même nature d'un être humain. Néanmoins, j'encourage le lecteur à chercher la vérité qui peut seulement être découverte par — le désir, la foi et sa propre expérience personnelle —. Donc, j'espère que le doute ne vous arrêtera pas, au lieu de cela je longtemps que vous utiliserez ce doute pour vous motiver à chercher des réponses. Je moi-même devais connaître beaucoup d'événements surnaturels pour être capable de croire qu'il y a d'autres dimensions qui attendent l'être humain après la mort du corps physique. Le royaume spirituel est très disposé à communiquer avec l'être humain.

Cependant, juste au moment où Dieu veut avoir le contact avec vous, le Satan <<assiège>> aussi votre âme et cherchera des occasions de s'approcher de vous. Un individu croyant dans le ciel ne fait pas du mal au monde spirituel, car ce royaume est permanent. Plus probablement, la personne s'endommage en n'y croyant pas. Si l'individu n'a pas de vie spirituelle, il ne sera pas aussi heureux qu'il pourrait être, comme la personne se sentira toujours comme si quelque chose manque. Sans la réalité du royaume spirituel dans notre existence quotidienne, la vie humaine est menée avec un niveau d'<<incertitude>> sur ce qui arrivera demain. Mais dès que la personne est déjà un citoyen du Royaume Céleste, cela n'importe pas si la vie finit sur ce monde aujourd'hui, comme l'individu spirituel appartiendra déjà à une autre dimension et à une autre réalité. La personne qui connaît une vie spirituelle avec Jésus, se sentira plus sûre jour après jour et confiant.

ADIEU

Souvenez-vous que l'on ne vous demande pas de faire quelque chose qui est impossible. Personne ne demande que vous montiez à la Lune, ou que vous descendez à la plus profonde de mers. Le salut est aussi proche que dans votre propre bouche et dans votre très propre cœur. La citation de Bible dans le livre de chapitre de Deutéronome trente, avec les lignes un à quatorze, vous dira ce que j'ai mentionné juste. Pour atteindre Dieu, il n'y a aucun rite <<macabre>> pour suivre, non plus. Le salut est relativement facile à atteindre et c'est libre, comme vous ne devez payer rien pour l'accomplir. Le remboursement de l'âme est une contribution et un cadeau de Dieu à l'humanité. Et avec cette dernière citation biblique je dis au revoir, en espérant que ce que vous avez lu vous montrera ce que vous avez besoin de faire pour sauver votre âme et être plus heureux avec le reste de votre vie.

Deutéronome 30:19. "Aujourd'hui je VOUS DONNE UN CHOIX DE DEUX VOIES. Et je demande au ciel et à la terre d'être des témoins de votre choix. Vous pouvez choisir la VIE OU LA MORT. Le premier choix apportera une bénédiction. L'autre choix apportera un fléau. Choisissez ainsi la vie! Alors vous et vos enfants vivrez.

ÉGARDS DE XAVIER ET DE THERESA RODRIGUEZ

Que Dieu vous bénisse, chers lecteurs. Nous voulons pour ce livre remonter et vous aider à scruter les Saintes Écritures avec un peigne parfait et denté. Ce livre est un témoignage qui est réel et véridique concernant les grandes choses que Dieu fait dans nos vies et concernant les obligations et les chaînes que nous pouvons porter par manque de la connaissance de la vérité. Ce livre encourage aussi le lecteur à chercher un plus proche et un rapport plus réel avec Dieu. Notre prière est que ce témoignage touchera vos vies et vous mènera à une reprise spirituelle.

Xavier et Theresa Rodriguez

CONSIDÉRATIONS

En écrivant ce livre, j'ai utilisé la Bible Sainte: les versions anglaises et faciles à lire contemporaines publiées en 1995 et 1997, respectivement. C'ont été mes Bibles préférées pendant plusieurs années. En comparant des Bibles, j'ai choisi ces versions pour sa langue moderne, puisqu'ils sont faciles à comprendre et communiquer de. Ayant fait cette clarification, j'ajouterai qu'il y a de différentes traductions bibliques et que le sens de quelques vers pourrait changer d'une version à un autre. Cela arrive parce que la Bible originale a été écrite en araméen, grec et hébreu et souvent la grammaire et le vocabulaire d'une langue ne sont pas le même comme ceux d'un autre. Une traduction littérale de ces langues à notre langue natale créerait seulement une lecture qui est difficile à comprendre. Les gens responsables de créer une traduction biblique essayaient toujours de transmettre le sens original, en s'assurant en même temps que le texte est facile à lire. Mais, en dépit du fait que tant de Bibles existent, quelqu'un est toujours le mécontentement et travaille toujours sur une nouvelle traduction et c'est pourquoi il y a de différentes versions bibliques. Donc, j'annonce que le même message que ce livre a donné peut être trouvé dans chaque différente traduction, mais la citation et le vers peuvent changer des endroits.

Si cela arrive que le lecteur a des questions à propos de certains des concepts spirituels différents dont ce livre s'est occupé, j'avise que la personne pour scruter les textes bibliques sacrés pour confirmer les recommandations qui ont été données dans ce manuscrit. Maintenant, en parlant d'un autre sujet et spécifiquement des actions réciproques entre les êtres humains et les spiritueux, je peux dire que j'ai pris des cours dans la médecine et la psychologie au professionnel et à un niveau universitaire dans les établissements éducatifs dans de différents pays. En en tenant compte, j'admets que pas toutes les maladies physiques et/ou mentales, ni tous les comportements exceptionnels qu'une personne peut exposer, sont provoqués par les entités diaboliques et/ou par les biens diaboliques. Cela peut arriver parce que peut exister là des maladies transitoires, des souffrances mentales, des maladies héréditaires, et/ou des maladies systémiques dans le corps d'un être humain. Ces désordres à tour de rôle, peut être très bien la cause d'une ou les syndromes plus anormaux dans une personne. À l'individu qui voudrait développer sa connaissance dans cette affaire, je recommande d'accompagner à un docteur, le psychologue, le psychiatre, le pasteur, le prêtre et/ou plus de spécialistes pour évaluer, comparable et/ou exclure des symptômes et poursuivre le diagnostic indiqué et convenable et le traitement.

En changeant de nouveau le thème et parlant maintenant du jeûne, je peux dire que pour tous ces gens qui veulent au rapide, vous devriez parler avec un docteur pour informer et vous instruire des risques et des effets que le jeûne peut avoir sur le corps humain. Par conséquent — s'il est nécessaire vraisemblablement pour l'individu — de prendre les mesures nécessaires pour se protéger, pour ne pas tomber dans une sorte de grief.

CONTACT ET RENSEIGNEMENTS

Ordonner en ligne:

http://www. amazon. com

Contacter en ligne:

http://www.virgozusa.com

Contacter par lettre et le courrier régulier:

Virgo Zusa
P.O. Box 530092
San Diego, Ca, 92154

Ce livre a été traduit et reproduit de l'anglais au français par www.fiverr.com/editwords

Ce livre est disponible dans les langues suivantes: arabe, anglais, français, hindi, espagnol, suédois, chinois.